U0462475

中华先烈人物故事汇

军事科学院解放军党史军史研究中心

学习出版社

中华先烈人物故事汇《白求恩》编委会

目 录
Contents

引 子

　　加拿大共产党员诺尔曼·白求恩是一位被中国人民长久纪念、长久缅怀的英雄。他是国际社会支援中国抗战的先驱者之一，积极投入反法西斯中国战场。在中国，白求恩为晋察冀抗日根据地军民救死扶伤的故事广为流传，而他早前的经历却鲜为人知。年轻时的白求恩曾当过伐木工人和乡村教师，深切体验过劳苦大众的真实生活；他热爱艺术，在绘画、摄影、文学创作等领域都取得了一定的成就；他满腔热忱，三次从军，曾踏入炮火连天的西班牙战场，施展精湛的医学技术，挽救了许多受伤战士的生命；他发奋学医，刻苦钻研，成为北美著名的胸外科医生和享誉一时的发明家、社会活动家。

　　1938年年初，白求恩放弃了光环笼罩的舒适生活，怀着崇高的共产主义理想和国际主义精神，率领援华医疗队远涉重洋来到中国，参加了中国共产党领导的敌后抗日游击战争。将近两年的战斗生活中，在极其艰苦的物质条件和气候条件下，白求恩辗转各地，夜以继日地在手术台边紧张工作，不畏艰辛、不顾安危，冒着枪林弹雨抢救伤员。他生活简朴，心系军民，对工作极端负责任，忘我地投入反法西斯的中国战场，直至献出生命。

白求恩在中国留下了宝贵的精神财富。他通过创办模范医院、特种外科医院，筹建卫生学校等方式，致力于提升八路军医疗水平，为抗日战场培养了大量合格的医生护士；他把满腔的革命热情与严格的科学态度同工作实践结合起来，克服一切困难，自己动手创造、改进各种医疗器械，提高医疗效果。在不到两年的时间里，白求恩先后撰写了《战地救护知识》《战地疗治技术》《初步疗伤》《战地外科组织治疗方法草案》《消毒十三步》《游击战中师野战医院的组织和技术》《医院工作标准》等著作。聂荣臻同志高度评价："这是他一生最后的心血的结晶，也是他给予我们每一个革命的卫生工作者和每一个指战员和伤员的最后不可再得的高贵礼物。"毛泽东主席专门撰写纪念文章，高度赞扬白求恩同志的伟大国际主义精神和为中国人民的反法西斯战争作出的重大贡献。

80多年过去了，白求恩仍然是一面旗帜，他毫不利己、无私奉献的人格魅力，对工作极端热忱、精益求精的敬业精神，鼓舞了一代代中华儿女，并已融入我们的民族血脉，成为中华民族优秀品格和高尚情操的重要组成部分。

白求恩的一生是伟大的国际主义、共产主义者战斗的一生，白求恩精神历久弥新，对于我们今天的工作和生活具有重大的现实意义。

做家族医德的传承人

他不是"坏小子"

　　1890 年，加拿大安大略省北部格雷文赫斯特镇的一个牧师家庭迎来了新成员，父亲马尔科姆·尼克尔森·白求恩为他取名为亨利·诺尔曼·白求恩。母亲伊丽莎白是一位温柔善良的女人，她靠在丈夫的怀里，疼爱地端详着摇篮车中的婴儿——他有一双碧蓝色的眼睛，鼻子略微显长，浅棕色的头发像天鹅绒一般柔软。夫妻俩殷切希望孩子能平安顺利地长大，延续白求恩家族行医、传道、教书的传统，发扬尽职敬业的献身精神。

　　格雷文赫斯特镇是座宁静详和的小镇，坐落在马斯科卡湖和海鸥湖之间，繁茂的森林环绕四周，湖光山色，鸟语花香，风景格外优美。马尔科姆前一年刚从多伦多大学毕业，受到诺克斯长老会的邀请，携妻子来这里就任牧师，他的事业进行得还算顺利，如今又迎来了第一个儿子，家庭生活沉浸在惬意与幸福中。

　　小白求恩天资聪明，生性好动，对什么事情都充满极大的好奇心。刚学走路时，只要大人稍不留神，他就跑得不知去向，从这间屋子跑到那间屋子，经常把家里的东西翻得乱七八糟。身为牧师的父亲因工作缘故，频繁更换地方，白求恩在童年和少年时期总是跟随父亲东奔西走，每到一个地方，全新的环境都会令他兴奋不已。由于他的行为比较冒失，意外情况常常发生。白求恩六七岁时，突然对马匹产生了强烈兴趣，他趁大人不备，悄悄钻进马厩与马儿嬉闹起来，结果被马踢伤，一度失去知觉。有一次，他跟着父亲出海，那是他第一次登上轮船，一到船上就这看看、那摸摸，不听招呼地在船上狂奔乱跑，结果被缆绳绊倒，脑袋狠狠地磕到甲板上，当场晕了过去，被船员发现时，还误以为没了生命体征……

还有一次，白求恩随父母搬到了一个小镇上，住下后的第二天，白求恩就按捺不住强烈的好奇心，悄悄溜出家门，沿着陌生的街道越走越远。那造型各异的建筑物，来来往往的车流和行人，还有琳琅满目的商品和各种诱人的美食，都深深将他吸引住。他东瞧瞧、西看看，穿过大街小巷，不停地在商店和交易市场里游逛，直到傍晚才筋疲力尽地回到家，见到父母就迫不及待地汇报自己的"战绩"："嘿！我独自一人从城里的这一端走到了另一端，足足有十多公里呢！还发现了很多有趣的事儿……"

没等他说完，父亲马尔科姆就怒不可遏地咆哮道："我们找了你整整一天，还报了警，眼下警察也在到处找你，难道你没有意识到自己的行为太恶劣了吗？"

母亲伊丽莎白从悲伤中缓过神来，责备地说："你外出时，应该告诉我们一声，害得家里人好担心啊！"

白求恩大声为自己申辩："可我早饭之后就再没吃过东西了！"他委屈地耸耸肩，径直走回自己的房间。他无法理解父母为什么不表扬自己的勇敢，反而那样生气地谴责自己，沮丧地爬到床上，饿着肚子睡着了。

站在客厅里的父亲余怒未消，气愤地骂道："这真是个坏小子！"母亲伊丽莎白在一旁也跟着唉声叹气。

夫妻俩养育了3个孩子，最令人头疼的就是诺尔曼·白求恩，小小年纪就险情不断，他们担心随着年龄的增长，这个"坏小子"不知还会惹出多少祸端来。

没过多久，白求恩全家又搬到了艾尔默。在这里，白求恩很快结交了许多新朋友。一天，小伙伴们一起到山上游玩，他们发现悬崖边的一棵大树上栖息着几只美丽的蝴蝶，可是捕捉起来非常困难，如果稍有不慎，从树上跌落下来，后果将不堪设想。正当其他小朋友犹豫不决时，白求恩为了证明自己的"勇敢"，已经率先攀上了那棵大树，不一会儿就抓住了一只蝴蝶，他坐在树枝上，扬扬得意地着炫耀自己的"战利品"，树下的同伴纷纷投来崇拜的目光。父亲知道此事后，又狠狠地批评了白求恩一顿。

"父亲，您大可不必担心，当我决定做一件事时，我有十足的把握！"白求恩却不以为然，他似乎认定自己不会遭遇任何不幸，无论什么冒险都敢于尝试。

这年冬季，白求恩和一群男孩儿在池塘的冰面上玩耍，追逐打闹间，冰面突然破裂，一个孩子掉进了冰窟窿。其他同伴见状都吓得惊慌失措，纷纷逃到了岸上，生怕自己也掉了进去。只有白求恩一人没有离开，他小心翼翼地趴到冰面上，一边鼓励落水的小朋友不要害怕，一边用手肘和膝盖支撑着身体，冷静地向前爬去。就在白求恩快要接近冰窟窿时，他身下的冰层也破裂了，自己也掉进了冰水里。白求恩仍然没有慌乱，他会游泳，水性很好，索性直接从冰水中游了过去，一把抓住落水的同伴。此时，白求恩已冻得嘴唇发紫，手脚不听使唤了。幸好大人们及时赶到，把两个快要冻僵的孩子捞了上来。事情的经过很快传到了父亲马尔科姆的耳朵里，这一次，他对白求恩屡禁不止的冒险行为有了新的认识，从这个"坏小子"身上他看到了临危不乱、勇于施救的医者品质。马尔科姆猛然意识到，儿子完全具备做一个好医生的潜质。

实际上，白求恩从小就对医学表现出浓厚的兴趣，他曾经把祖父留下的那块刻有姓名的外科医生铜牌钉在卧室门上，宣称自己也要像祖父那样做一个技术精湛的医生。从8岁开始，白求恩就着迷于一种肮脏、烦琐甚至令普通人感到恶心却又是从事医学所必需的工作——解剖。一开始，他解剖苍蝇、鱼虾和青蛙，渐渐地，这些小打小闹的实验已无法满足他的探索欲望，终于有一天，他潜入厨房，着手研究动物的身体结构。

这天，母亲伊丽莎白走进厨房准备做饭，突然闻到一股刺鼻的腥臭味，只见儿子正对着一堆乱糟糟的东西卖力地挥舞刀具。

"天哪！你在干什么？"伊丽莎白吃惊地问。

"我想把肉弄下来，看看它的骨头结构。"

白求恩兴奋地说道，"妈妈，您看，把这些骨头连接起来，可以做成很棒的标本。"

原来，白求恩不知从哪里找到一只死狗，先给它剥了皮，然后将狗的尸体用水沸煮，为的是把肉和骨头分离开来。眼下，白求恩正仔细地剔除着骨头上残余的筋膜组织，这样就能得到一具完整的脊椎动物的骨架了。

伊丽莎白明白了儿子的用意，便不再打扰他，默不作声地退出了厨房。

随着白求恩一天天长大，她也渐渐理解了儿子——坚定执拗，好胜心强，认定的事情非完成不可。伊丽莎白想，这个"坏小子"虽然调皮，却有难得的上进心，不管做什么都有一股热切的劲头，尤其在学习上，几乎没让家人操过心。因为搬家频繁，白求恩不得不一次次转学，却总是能迅速适应新学校，在很短的时间内将落下的功课迎头赶上。除此之外，白求恩身体结实，热爱运动，尤其喜欢游泳和跑步，练出了一身强健的肌肉，这是作为母亲最感到欣慰的。

1907 年 6 月，为了解决读大学的学费问题，

白求恩决定边读书边外出打工，母亲虽然十分不舍，却还是打趣地说道："你这个坏小子，在家是个讨厌鬼，现在要离开家了，却成了我心口的痛啊！"

白求恩笑嘻嘻地回答："亲爱的妈妈，我也舍不得离开您呀，我也想天天陪在您身边呀，可我已经长大，应该去广阔天地里遨游一番了。"

快乐的伐木工

诺尔曼·白求恩从小衣食无忧，作为牧师的父亲收入是相当可观的，家里养着马匹，还有一辆派头十足的四轮马车，一家人其乐融融，过着舒适宽裕的生活。但随着时间的推移，家里的经济状况逐渐变得拮据起来。高中毕业后，白求恩以优等生身份被多伦多大学录取，他清楚地意识到，不能再增加家里的负担了，要想完成大学学业，就必须靠自己的双手挣钱来支付学费和生活上的开销。

一次偶然机会，白求恩得知阅读营联合会要招聘一批有文化的青年，到偏远的森林营地去为伐木工人传授知识。这是一份又苦又累而且十分危险的工作，一般人都不愿意去，白求恩却对此表现出极大的兴趣。在进一步了解工作内容后，他参加了报名，还为自己撰写了一份热情洋溢的推荐信。阅读营联合会经过认真考察最终录用了这位不畏艰苦的年轻人。

白求恩即刻投入准备工作中，他挑选出一批适合伐木工人阅读的书籍和杂志，整整装了两大箱。白求恩从萨德伯里乘火车前往怀特菲什村，接下来他租了一辆马车，在曲折蜿蜒的乡间小道上赶路，穿过一片片密林，越过一条条河流，从帕纳什湖的北部海岸线一路向西，颠簸一天一夜后，终于抵达了马丁营地。

野外工作十分艰苦，生活条件几乎处于原始状态，白求恩和工人们一起住在简陋又拥挤的工棚里，棚内弥漫着难闻的汗臭和烟味，工友们讲着污秽的语言和粗鲁的笑话。在富足优渥家庭中长大的白求恩，虽然从未见识过如此恶劣的自然环境和人文环境，却丝毫也不嫌弃。为了便于开展工作，他想方设法接近工友，试图与大家打成一片，融入他们的生活。白求恩时常告诫自己，遇到困难时，就把克服困难当作磨砺意志的宝贵体验，要学会去享受这个过程。

伐木工白天要从事繁重的劳动，只有到了晚上，白求恩才有机会履行他的本职工作：给工人们上课，指导他们学习语言、使用手册和阅读诗集。而在白天的时间里，白求恩也不闲着，他像新学徒那样，虚心向工人们请教，学习各种伐木技能。

白求恩首先学的是"开路"。这是工地里最低端、最辛苦的活计，主要任务是将坑坑洼洼的路面修整铺平，以便于拖拉木材。接下来他又学做斧头工，也就是手持大斧子，在准备砍伐的大树根部砍出豁口，给伐木的工人锯倒大树作好准备。

安大略省北部的冬天异常寒冷，寒风呼啸，裹着冰碴子吹在脸上如同刀割一般疼痛。工人们一个个闷着头各自忙碌着，没有人愿意理会这位新来的年轻人。在他们的眼里，这个穿着讲究、言行斯文、细皮嫩肉的富家子弟，只不过是来森林里猎奇消遣的。

白求恩笨手笨脚地挥动着大斧子，他完全不得章法，尽管用尽全身力气，也只能砸出一些不起眼的小豁口，甚至砍不到正确的位置上。一位大胡子老工人走过来瞧了瞧，接连摇头。

"我说年轻人！你大概是走错地方了吧，你现在应该放下斧头，拿上猎枪。"大胡子努努嘴，朝着大森林与草原相毗邻的方向，言语中带着轻蔑与嘲讽，"赶紧上那儿去！那地方风景不错！"

在场的工人们听后全都哈哈大笑起来。

其中一个五大三粗的工人插话道："有钱人！你睁大眼睛看清楚了，我们不是在做游戏，这可是实实在在地干苦力！"说完，抢起大斧子用力朝大树砍去，木屑飞溅，树干上顿时出现了一道明显的凹槽。

"是啊，当心粗糙的斧头柄磨破了你白嫩的小手！"众人附和着，又是一阵讥笑。

听到这些嘲讽的声音，白求恩无奈地耸了耸

肩，他终于明白了大家冷落他的原因。于是，他走到众人面前，诚恳地说道："亲爱的朋友们，请不要误会，我只是个穷学生，和你们一样，来这里也是为了挣钱的。"

白求恩看了看大家疑惑的眼神，继续说："我来这里除了教给大家一些文化知识外，还打算跟着你们干些活，多挣些钱，以保证我的学业不中断，我还想继续读书。对于伐木工作我是个新手，所以恳请大家帮助我，我想努力争取，尽快和你们一样，成为一名合格的伐木工！"

听完白求恩的解释，工人们仍然半信半疑。但随着相处的时间日益增长，大家渐渐发现这个年轻人的确能吃苦，他在工地上从不偷懒，总是虚心向工友们请教。白求恩脑子灵活，在经验丰富的老工人的指导下，很多技术工种一经点拨就能掌握要领，积累了许多活路技巧。更让大家感动的是，白求恩对自己的本职工作十分认真负责，不仅为大家申请到了很多受欢迎的报刊，还热情地为工友代写家信。

白求恩每周要进行 60 多个小时的高强度工

作，尽管累得筋疲力尽，手上磨出了许多血泡，结起了厚厚的茧子，但他由衷地感到踏实和快乐。伐木工虽然生活贫穷，但他们坚强、乐观，不肯向困境低头，始终努力干活，靠自己的双手挣来收入，这种吃苦耐劳、顽强拼搏的精神深深打动了白求恩，他把自己的工作和感受向阅读营联合会作了汇报，对工友们大为赞赏。

伐木场最艰苦的工作是运送圆木。进入冬季，也就迎来了运输任务最为繁重的时期。粗大的圆木在雪地上拖行虽然省力了许多，但危险的概率也随之增大。白求恩穿着脏兮兮的棉衣，戴着又大又丑的劳动手套，把绳索搭在肩头，双手紧攥着绳索的另一头，全神贯注地按照指挥员发出的号令，与工友们合力拖着沉重的木头艰难前行。由于天气寒冷，路面上的冰雪很滑，白求恩一不留神就摔了个大跟头，脑袋狠狠砸到了地面上，一时间头晕目眩。他顾不得自己已跌得鼻青脸肿，忍着疼痛又迅速爬起来，捡起绳子继续拉，心里只有一个念头——按时将木材运往火车站。

终于，运输工作告一段落，满载着圆木的火

车即将启程。疲惫不堪的工友们靠在避风的墙边惬意地抽起了烟斗，享受着辛劳之后的片刻放松。白求恩望着车站堆成小山似的木材，一种成就感油然而生，他感到自己是一名真正的伐木工人了，再也无惧寒冷和劳累。他习惯了工友们的汗臭和烟味，熟悉了他们的语言及交流方式。更让他惊喜的是，他向伐木工人传授文化知识的工作取得了显著的成绩，通过学习，工友们的思想发生了很大的转变，他们终于视自己为朋友，遇到烦恼都愿意找他商量。这份来之不易的友情使白求恩倍感欣慰。

不知不觉间，支教工作接近尾声，白求恩依依不舍地告别朝夕相处的工友，离开了马丁营地。当他回到家中时，母亲伊丽莎白差点没认出自己的儿子来。只见他头戴一顶破旧不堪的帽子，皮肤粗糙，满脸胡楂儿，身上的衣服又脏又破，脚上的靴子还开了线，活像一个流浪汉。伊丽莎白的眼泪夺眶而出，心疼地叹道："坏小子，你在大森林里一定吃了不少苦头吧！"

白求恩摇摇头，用轻快的语气回答道："不！

我在那里过得非常开心，还交到了不少好朋友呢！亲爱的妈妈，您不觉得我壮实多了吗？"说完，从行李里拿出一张照片递给母亲。

伊丽莎白端详着照片，那是白求恩与七位伐木工人的合影，他们站在帆布与木板搭建的小木屋前，身后是茂密的杉树林。白求恩和母亲一起坐在沙发上，兴致勃勃地指着照片上的工人逐个介绍，他们叫什么名字，有什么性格特点，发生过哪些好玩的事情，可伊丽莎白的目光总是停留在白求恩身上：他站在前排正中央，双手叉腰，帽檐歪向一边，一副俏皮又自得的神态。作为母亲，伊丽莎白了解自己的儿子，他就是这样的，明明受了许多苦，看上去却让人感觉他过得并不算差，仿佛一切都在他的掌握之中。

母亲看完照片，又仔细瞧着眼前穿着破烂却精神饱满的儿子，他的确长大了，整个人显得成熟了许多。白求恩说："妈妈，我虽然离开了他们，但我很骄傲自己曾是一名快乐的伐木工，所以请您把它挂在家里显眼的位置吧！"

回顾整个大学时代，白求恩几乎是在学校和

工地之间来回奔波的状态下完成学业的，他曾去游船上做服务生，到建筑工地当小工，还在铁路上干过一段时间的杂役，但最令他难忘的还是在马丁营地当伐木工的那段快乐时光，那段教会他乐观和坚强的岁月。

三度从军

白求恩审视着镜中的自己：鼻子、下巴还有金黄色的头发遗传了母亲伊丽莎白，而宽脑门和碧蓝色眼睛显然来自父亲的家族。当然，这些只是表象，白求恩心想，更重要的是，他们一个给了我传道家的性格，一个给了我付诸行动的热切劲头。如今，白求恩已经是 24 岁的青年，他的学习成绩非常不错，尤其是临床外科，还有一年就能获得医学学士的学位，世界正向他展开广阔天地，一切美好即将接踵而至。

就在这个时候，第一次世界大战爆发了。

白求恩每天看报纸听广播，密切关注着欧洲突变的局势。1914年8月1日，德国向塞尔维亚的盟国俄罗斯宣战；8月3日，德军途经中立的比利时，朝法国挺进。英国向德国宣战那天，白求恩走上街头，置身于热血沸腾的游行人群之中，人们情绪高涨，一个个将帽子扔向半空，没过多久，人潮开始涌往国民警卫队的操练厅，那里正在招募志愿者。白求恩被一种难言的激情鼓荡着，他想象着自己身着军装奔赴战场的情形，当即决定中断学业去参军，加入正义的抗击。在众人的簇拥下，白求恩郑重地填写了入伍表格，成为多伦多第八名应征者。

10月4日，加拿大远征部队从魁北克市出发，由32只船组成的船队浩浩荡荡穿过大西洋开往英格兰。因为医学背景，白求恩被分到了野战医院，他站在甲板上，望着茫茫大海，期待着战地救护的火热场景。然而，新兵必须接受基础训练，在伦敦东南部的索尔斯堡平原，白求恩经历了一场关于耐心和意志力的考验。

成天泡在泥泞中摸爬滚打，身上的衣服永远

湿漉漉，晚上只能睡在潮湿的地面，这些对于曾当过伐木工人的白求恩来说算不得什么，可他总是心急如焚，无法投入到训练中。实际上，令他备受煎熬的并非现实条件的恶劣，而是每天原地不动的重复操练。他无心驻扎在后方，希望早日奔赴战场，发挥自己的作用。训练间隙，白求恩时常抱怨："这没完没了的训练简直是在浪费时间！"战友们看他这副急不可耐的样子，打趣地说道："白求恩，要是打起仗来，你一定是个勇士！"

一位战士调侃道："我敢打赌，要是给他一辆战场救护车，他能一个人开到前线去！"

白求恩大笑着回应说："我倒是求之不得啦！走，现在就出发！"

玩笑归玩笑，训练依然照旧。时间长了，白求恩也慢慢安定下来，认真参与各项练习与考核。1915 年 2 月，将近 4 个月的新兵训练终于结束，白求恩跟随部队从英格兰南岸登上运兵船，他们穿过英吉利海峡直至比利时里尔市东北部的小镇伊普尔。前线就在眼前，年轻的战士们一个个都摩拳擦掌。然而，当真正投身战斗，战争的疯狂和狰狞却超出了所有人的想象。

在伊普尔，猛烈而持久的炮击刚刚平息，到处都是残缺的尸体，惊魂未定间，又见一大团来历不明的黄绿色烟雾飘散过来。白求恩看到不远处的战士们相继倒地，痛苦地翻来滚去，有人慌忙奔逃，还有的被自己的呕吐物呛到，在窒息中痛苦地死去。他快速搜索着脑子里的医学知识，猜测可能是氯气——一种具有强烈刺激性气味的剧毒气体，它会严重危及人体的呼吸系统进而威胁生命。情况很快得以证实，德军竟然在战场上使用氯气充当生化武器，这种极端不人道的做法令白求恩格外愤慨。

眼下当务之急是救命！白求恩奋力呼喊，反复提醒大家一定要用湿毛巾遮掩口鼻抵御毒气的进攻，可硝烟四起的战场上很难找到干净的水源，许多战士只能用浸着尿液的布块代替，虽然难闻倒也不影响效果，大家总算撤退到了安全区域。看到战友们用自己提供的方法保住了性命，白求恩欣慰不已，与此同时，一种强烈的、从未有过的使命感在心中升起，他似乎意识到，"救死扶伤"正是自己的人生要义，正是自己应当为之奉献一生的事业。

白求恩被安排在第一医院的流动化验室工作了 10 多天之后，他又毅然接受了更为危险的任务——到前线战壕中救治伤员。他想，这才是自己真正的用武之地，于是毫不犹豫地带着救护队出发了。

救护队来到战斗最激烈的第一线，白求恩不顾头顶上呼啸的子弹，一见到伤员就立即实施急救，救完一个就让担架员抬下阵地，急忙又转向另一个。他不断在火线上奔袭，一遍又一遍的往返周折让他突然明白，当初成天抱怨的新兵训练并非毫无意义，恰恰相反，正是当初看似枯燥无趣地上千次重复磨砺了他的意志力，练就出他最缺乏的耐心和沉稳，而这些品质是战场救护不可或缺的。

由于医务人员紧缺，救治速度远远跟不上伤亡速度，许多伤员得不到及时救治，不断有人死去。白求恩听到伤员的痛苦呻吟，看到尸横遍野的废墟，心中充满愧疚和自责。连续三天三夜，白求恩与救护队的其他成员马不停蹄地忙碌着，一会儿穿梭在枪林弹雨中，一会儿又从布满弹坑的阵地转至后方救治点。他一点儿也不觉得累，工作有条不紊，一丝不苟。这是白求恩第一次上战场，却表现得沉着冷静。他向来无所畏惧，从小到大都被幸运之神庇护的他，历经无数险境却总能化险为夷，这令身边的战友惊讶万分，感叹他绝非常人。

然而，幸运之神似乎又故意开了个小差，在一次穿越火线的急救途中，白求恩被一颗榴霰弹击中，猝然倒地，他左腿被炸得露出了骨头，伤势十分严重，被紧急送往后方医院治疗。这次战伤也为他的军旅生涯画上了休止符。白求恩腿伤尚未完全治愈，部队认为他无法继续胜任工作，动员他退役。他只得离开热血沸腾的战场，返回多伦多重拾学业。

1916 年年底，白求恩参加了毕业典礼，他在自己的照片下方写了一段话："死亡是必然的，但日期并不确定，意志可能会获得重生。"如此沉重且充满悲壮的话语也许并不适合一名毕业生，但对于白求恩今后的人生来说，却又格外贴切。

这一年，白求恩 27 岁，仍然非常年轻，但经历过恐怖战事的他却陷入困惑当中。他怀疑过，屠杀背后一定还有别的东西，可他始终想不通那究竟是什么。眼下，战争还在继续，许多人还在不断地死去。他强烈地意识到，自己需要重返战场去寻找答案。1917 年，白求恩又一次走进军营，服役于英国皇家海军，在"珀伽索斯"号航母上，积极工作的他却不慎感染了严重的流感和支气管性肺炎，再次遗憾离开军营。1920 年，恢复健康后的白求恩第三次参军，在加拿大空军任上尉军医，专门研究导致飞行眩晕的原因。

回顾那一段段血与火的历史，三次从军经历似乎只是在白求恩脑子里永久留下了伤员的呻吟和震耳欲聋的炮火声，还有一幅幅涂满泥浆与徒劳的死亡画面，以及对法西斯发动战争和肆意屠杀的罪恶行径的愤慨。白求恩在给朋友的信中写道："这场屠杀使我感到震骇了。我已经开始怀疑这是不是值得。在医疗队里，我看不到战争的光荣，只看到了战争的破坏。"

遭遇死神

迷茫和困惑中的白求恩并没有就此消沉，经过一段时间的休整，他决定前往爱丁堡，报考皇家外科医院的研究生。学习期间，白求恩结识了一位迷人的苏格兰姑娘——弗朗西丝·坎贝尔·彭尼，他为对方的美貌所倾倒，更被她坚贞的爱意所感动。1923年，两人结为夫妻，并开始了长达半年周游列国的甜蜜旅行，之后白求恩也顺利地取得了行医执照，他开始正式挂牌行医，随后又被聘为底特律医学院医药学讲师。一桩桩好事接连而来，就在白求恩事业蓬勃、醉心于美好婚姻生活的时候，病魔却无情地向他袭来。

1926年夏天，白求恩患上了肺结核，这种病在当时如同今天的癌症一样可怕。他不知道自己在病床上究竟躺了多少天，咳血、反复发烧，除此之外就是昏睡。世界仿佛裹在迷蒙的雾霭之中，很多次，他尝试着努力使自己清醒，有时看见一脸愁容的弗朗西丝坐在床边，有时听到医生们低声嘀咕："很严重的出血。"有时，忽远忽近的人影会突然消失，半夜又在天花板上出现，就像群魔乱舞。白求恩惊悚地感到死神正一步步逼近。

有天下午，白求恩感到精神好了很多，病房里没有人，他自己支撑着身子坐了起来，见桌上有一面小镜子，就拿起来看。作为医生，他当然知道这种恶疾会导致体重骤减，对容貌的变化也有充分的心理准备，却还是没有料到自己已和过去判若两人——双颊凹陷，头发几乎全白了，两只眼睛布满血丝，彻底失去了往日的神采。镜中那个面如死灰的家伙看上去完全是个陌生人。正在这时，弗朗西丝端着牛奶走了进来，白求恩望着年轻美丽的妻子，作出了一个重大决定。

"亲爱的，我们得谈谈。我不管他们对你说了什么，你又知道些什么，总之我快死了，可你还有完整的一生。"白求恩面无表情地看着妻子，用坚定的语气说道，"我要你跟我离婚，我不能这样拖累你，你走你自己的路吧。"

弗朗西丝拼命地摇着头，她并不打算这样做，她爱他，愿意陪伴他一生。可无论弗朗西丝如何伤心痛哭或是气恼发怒，都没能动摇白求恩的决心。其实，作为妻子，她早就领教过丈夫的倔强，一旦抱定了某个想法，就非达成不可。

"除非你同意离婚，否则我决不到疗养院去！"

面对白求恩的以死相逼，弗朗西丝最终妥协了，在把他送往纽约州的肺结核疗养圣地——特鲁多疗养院后，挥泪向心爱的丈夫道别。她满心希望白求恩能在那里把病养好，重获健康生活。

万念俱灰的白求恩住进了疗养院中一座名为"牧场小屋"的湖畔别墅里，尽管空气清新，环境优雅，放眼四周皆为美景，却并不能扫去他心中的阴霾。他知道自己时日不多，曾经火热的理想在不治之症面前全都化为虚幻的泡影。在绝望与恐惧中，白求恩经常朝医生和护士发脾气，甚至不肯配合治疗。

唯一能让他感到安慰的是，住在"牧场小屋"里的 5 个人中，有 4 个是医生，他们各自对所患的绝症完全熟知，这种特殊的共性使病友们迅速结下了特殊而疯狂的友谊。在生命"最后"的时光里，白求恩"怂恿"大家无须再听从规矩，还想办法与几位护理员建立起一个"地下组织"，以便偷偷买来违禁的烈酒和食物。他们或是躲在洗澡间彻夜玩纸牌游戏，或是在无所事事的下午接连听好几个小时的音乐。更多的时候，五人聚在一起畅谈人生，他们毫不避讳，谈得最多的正是即将夺去他们生命的、那该死的——肺结核。最令白求恩感到畅快淋漓的是，身为医生，他们以超然的科学态度制出一张表格，在上面预测了每个人的死期。这样做的效果似乎显而易见，五人纷纷表示自己不再恐惧。

但很多时刻，白求恩仍无法躲避死神的气息，它就在窗外，飘浮在乌云中，隐藏在树影下，伪装在花丛里，从清晨到傍晚，直到那个炎热的夏夜来临。那晚，白求恩随意翻看着刚从图书馆借回的书，一本《肺结核外科疗法》引起了他的注意，书中提到了用外科手术治疗肺结核。作者的观点是，被认为不治的、主要集中在一个肺里的肺结核患者，可以用外科方法完全治愈。看到这里，白求恩仿佛被一道光照亮，心情万分激动，他自己的情况恰好如此，仅是左肺感染。白求恩一口气读完整本书。天已经亮了，他望向窗外，蓝天白云，阳光普照，小鸟在枝头嬉戏，草间蜂蝶飞舞，这世界是一派多么生机盎然的景象啊！白求恩心中滋生出一种强烈的意念：生命不应就此结束！

接下来的几个星期，白求恩整理出所有能找到的有关肺结核外科的资料，并且把信息分享给了同为医生的巴恩韦尔和费希尔。大家展开了热烈讨论，"人工气胸"这个词越来越频繁地在"牧场小屋"里被提起。

实际上，人工气胸的治疗方法操作起来并不复杂，将一根空心针插入胸腔，然后往里面打气，使肺收缩到正常程度。"那样肺就可以休息了。"白求恩兴奋地说，"相比之下，卧床疗法却让肺像救火车那样不停不歇。"

白求恩查阅的资料中显示，许多病人卧床休息后病情毫无起色，而按照各人情况需要，对感染的肺实施压缩以后，病人得到了康复。问题的难度在于，人工气胸疗法一直被认为还处于试验阶段，大多数医生都不敢贸然实施，这导致成千上万适合治疗的患者遗憾离世。而白求恩以自己扎实的医学知识和敏锐的判断力完全信服了这种治疗方法。

"我要去做人工气胸！"白求恩大声宣布。

那天下午，他冲进办公大楼，对正在开会的工作人员提出了自己的想法。特鲁多疗养院的医生们都见识过白求恩的暴躁性情，将他的要求视作被死亡恐惧支配下的莽撞与冲动。他们罗列出种种危险，试图以此回绝他，甚至表示有可能刺穿肺部。可他们并不太了解白求恩的执着。白求恩拿出了令所有人震惊的坚持和决心，直到在这场拉锯战中取得胜利。而接下来令所有人震惊的是，气胸疗法在他身上取得了显著的效果。

从第一次往胸腔内充入气体开始，白求恩的病情日渐减轻，随着治疗的累积，咳痰症状在一个月之内消失了，他感到自己的心绪和意识都发生了巨大变化。曾万念俱灰的白求恩开始想念家人，渴望回到父母身边享受亲情的温馨。他也想念弗朗西丝，尽管两人已经离婚，可他发现自己仍深深爱着她，期待着能与她再续前缘。在诸多美好憧憬的激励下，白求恩摒弃了先前自暴自弃的混乱作息，开始严格遵守规矩，为自己拟订出一份回归正常生活的康复方案，还向"牧场小屋"的病友们大力推荐这种治疗方法。

在坚持不懈的治疗下，实施人工气胸的两个月后，白求恩奇迹般获得了康复。他的体重增加了15磅，唾液的化验结果不再呈阳性，胸透照片显示，病肺上的空洞完全愈合，找不到丝毫感染迹象。离开特鲁多疗养院的前夜，医生和病友们纷纷前来道别，他们为白求恩的勇敢与坚定所折服。

"我们会想念你的。"

"我也会想念你们。"白求恩拍着巴恩韦尔的肩膀说，"希望不久之后，你们也长得胖胖的，都被气胸疗法治好了。"

在火车站，白求恩匆匆拟定了一份发往爱丁堡的电报："病愈，今日离特鲁多。对你感情依旧。你是否愿意与我结婚？"

离火车启动还剩1分钟，白求恩在登车前转

身回望，那是他最后一次远眺白雪覆盖下的萨拉纳克湖，他知道自己已挣脱了死神，火车将带他回归正常的人生轨迹。

医疗器械发明家

白求恩猛然意识到，自己已经 37 岁了。回顾过去这些年，他几乎在名利追逐中迷失了自己，成天想着如何发财，如何享受生活，到处炫耀自己的医生身份。讽刺的是，沉醉于各种光鲜华丽交际场所的他，似乎已忘记了身为医者的崇高职责。

如果说童年的白求恩立志成为医生是出于对祖父的懵懂崇拜，那么现在，经过深刻反思，他认为必须重新确立人生目标：当一名出色的胸外科医生。作为死里逃生的肺结核患者，尝尽病痛折磨的他，决定全身心投入结核病治疗的研究，他要尽最大可能拯救更多患者，做一些对社会有益的事情。

事实再次印证了白求恩说做就做的超强行动力。病愈后第二年，他进入蒙特利尔皇家维多利亚医院工作，成为著名胸外科医生爱德华·阿奇博尔德的第一助理。不久，弗朗西丝从爱丁堡赶来与白求恩相见，双方都认定浓浓爱意并未因分离而消退，因此决定复婚。白求恩仿佛得到幸运之神的眷顾，爱情与事业从此都掀开了崭新一页。

阿奇博尔德是加拿大肺结核领域的领航者，在他的严格训练和严苛要求下，白求恩很快就展露出非凡的医学才华，不仅手术技能和学术论文突飞猛进，在发明、改进医疗器械方面也取得了惊人硕果。

在一次手术中，难用的肋骨剥离器严重影响了进程，手术台上分秒必争，白求恩无法容忍蹩脚的器械给救治拖后腿，险些当场发怒。当晚他将自己关在办公室，把那只剥离器拿在手中翻来覆去地研究，接着又画出了一系列草图。经过精心计算和反复修改，一个星期后，白求恩设计出了全新的剥离器。阿奇博尔德大夫试用后大为赞赏。从此，经白求恩改进的剥离器成为胸外科手术的标准器械。

不久，阿奇博尔德为患者施行胸廓成形术，作为助手的白求恩长时间手持牵开器，累得筋疲力尽。他认为，尽管这种器械出自某位外科大师前辈之手，理应充满敬意，但也必须正视，如今它已太过原始，需要加以改进。白求恩再度投入到废寝忘食的研究中，两个月后，设计出了一种全新的机械胳臂，并且幽默地称之为"铁的实习医生"，因为它可以在几秒钟内安装完毕，省时高效，还能减少一名助手。

器械制作是一件专业性很强的工作，白求恩常常向朋友马斯特斯请教，那是一位经验丰富、制造过枪支的技师。他们经常见面，白求恩总是将各种稀奇古怪的构想一股脑儿讲出来，马斯特斯会直接指出其中不切实际的地方，再从技术层面上发表建议。渐渐地，两人形成了一种默契，白求恩提出设想，马斯特斯付诸实践。但发明创造并非如此简单，每一件理想成果问世前都经历了若干次失败，只有不断尝试、不断否定、再不断地重新开始才能获得最终的成功。

有一次，曾经的病友巴恩韦尔去皇家维多利亚医院探望白求恩，差点在他的办公室里被绊倒，只因里面堆满了各种手术器械的半成品和失败的样品。巴恩韦尔惊讶于老朋友发明创造的疯狂劲头持续多年仍毫无消减，而白求恩则为对方也获得康复欣喜万分。

实际上，刚到蒙特利尔不久，白求恩的第一件作品就问世了——一把经过改良的治疗气胸的器具，这件后来被称作"白求恩人工气胸"的发明引起了费城著名外科器械制造商的注意。1930年，这家公司开始正式生产以"白求恩"命名的各式医疗器械，其中最有名的当数"白求恩肋骨剪"。

肋骨剪是胸外科手术中的重要器械，当时普遍使用的万能肋骨剪却并不称手。早在特鲁多疗养院时，白求恩就动手做过许多尝试，要么笨拙，要么沉重，要么又太过锋利，效果总是不能令他满意。这个未能解决的问题始终盘旋在脑子里，跟着白求恩从北美回到了加拿大，从没有放弃。有一天，他去皮鞋铺，留意到工匠手里有把造型奇特的剪子，轻而易举就能将鞋里的钉子剪断，他心想，要是切肋骨也如此简单该多好啊！于是白求恩从工匠手里买下了那把神奇的剪子，并冒出了一个大胆的念头。

回到公寓，白求恩又蹦又跳，兴奋地对弗朗西丝传报喜讯："终于找到了！终于找到了！"随即掏出一把又黑又旧的铁家伙放到桌子上。

"它就这么明明白白地放在整个医学界眼前，却从来没人想到过。"白求恩走到妻子身边，露出孩子般欢快的笑容，给了她一个热情的拥抱，"亲爱的，快来瞧瞧，这是联合皮鞋机件公司送给手术室的礼物！看出它的高明了吗？"

对此，弗朗西丝已是习以为常。热衷于创造发明的白求恩总会带各种奇怪的东西回家，难以形容的抽象画、造型荒诞的帽子、大大小小的骷髅模型，有时甚至是一条新鲜的还冒着热气的动物肠子。

"我为你感到高兴，但我实在看不出它好在哪里。"弗朗西丝盯着那把剪刀，如实回答。

"对极了，的确是件难看的工具，不过……"

白求恩两眼放光，大声宣布，"两个星期之后，它就会变成一把前所未有的肋骨剪！"

皮鞋匠手中的剪子成了发明家白求恩的新宠，它的奥妙很快被识破，之所以造型奇特，其实是运用了物理学中的杠杆原理，长得离谱的手柄差不多是剪头长度的9倍，这样一来，只需要稍微用力就能将肋骨剪断。最终生产出来的"白求恩肋骨剪"正是基于这个关键原理，同时将材料换为更为坚硬的医用钢，剪头改得略钝了些，手柄装上了橡皮套，无论剪切还是修整肋骨都更为方便好用了。这把由鞋匠剪改进而成的手术器械也因此沿用至今。

白求恩先后发明、革新了30多种外科器械，堪称医疗器械的发明家，从很多方面提高了当时的手术效率，为拯救患者提供了更优质的手术条件。在不断钻研、不断改进的过程中，白求恩这种敢于摒弃保守思想、充分将现代科学技术应用到手术台上的创新意识，对那个时代的医疗领域产生了不容忽视的积极影响。

投身反法西斯事业

把血库搬到战场

　　1935年，白求恩当选美国胸外科学会正式会员，并成为该学会5人理事会理事，同时还担任加拿大联邦和地方政府卫生部门的顾问。这几乎意味着白求恩作为一名优秀的胸外科医生，已踏至行业巅峰。同年8月，白求恩受邀前往苏联列宁格勒参加国际生理学大会。在参观了医院、疗养院和妇女保健中心之后，白求恩感慨万千，苏联的医疗体制比加拿大优越太多了，尤其在对结核病的预防和治疗方面取得的显著成果令他大为震惊，他实实在在地感受到了社会主义制度的优越性。

　　白求恩一回到加拿大，就想办法与共产党组织接触，经常参加魁北克省共产党组织的报告会和马克思主义研究小组的活动。通过深入学习和思索，确信自己已真正找到人生方向的白求恩在蒙特利尔加入了加拿大共产党。他系统地学习马克思哲学理论，决定要以崇高的热情投入到共产主义事业中。白求恩越来越清晰地认识到，作为一名医生，自己的真正使命，除了解救患者于病痛之外，还肩负着一种超越医学意义的拯救与奉献。

　　1936年7月，西班牙法西斯分子发动武装叛乱，德、意法西斯希特勒和墨索里尼派出大批军队入侵西班牙，而英、美、法等国施行"不干涉政策"，公然纵容法西斯分子。面对如此残暴、野蛮的罪恶行径，50多个国家的共产党组织结合进步力量组成国际纵队，与西班牙人民并肩作战，誓以鲜血和生命保卫自由与和平。

　　"时代强迫着我们作出残酷而且不能挽回的决

定。"白求恩毅然辞去了医院和其他地方的职务，以一名共产党员的身份义无反顾地投身国际反法西斯的伟大事业中。

刚到马德里的时候，法西斯正在对这座美丽的城市狂轰滥炸，巨大的飞行物从人们头顶掠过，每架飞机上都装满了炸弹。夜晚被震碎了。大片大片的火光从天而降，到处都是断壁残垣，无辜的人民流离失所。面对拥有现代化装备的法西斯军队的猛烈进攻，英勇的战士们毫不畏惧，顽强抵抗，死伤无数。奔走于前线救护所和后方医院的白求恩反复思索着一个问题：怎么做才能为战士们提供最有效的帮助？尽管他和别的医生们昼夜不停地手术，仍然有越来越多的伤员因为得不到及时输血，而在转运途中遗憾离世。

白求恩恍然大悟，前线救护急需解决的问题是输血！当时输血设备紧缺，有相关经验的医生也很少。虽然直接输血也是个行之有效的办法，但受环境限制太大，无法立即为伤员找到血型匹配的供血者。白求恩回想起在皇家维多利亚医院给阿奇博尔德导师当助手时，曾潜心学习过血液保鲜技术，只要操作得当，血液完全可以在体外储存一段时间。那么，如果事先抽出血液，检测好血型，加入柠檬酸钠储存起来，再由救护车运往战地，那就可以第一时间为负伤的战士输血了。

思想活跃、善于创新的白求恩由此产生了一个大胆的构想：建立流动输血站，直接把血送到前线去。这个想法很快得到了西班牙卫生组织的支持，白求恩立即动身前往巴黎，克服重重困难购买设备器械、招募团队。终于"西班牙—加拿大输血服务站"落成，他又马不停蹄地通过电台和报纸发布消息，呼吁广大民众为支援反法西斯战争主动献血。

经过两个月的努力，所有工作准备就绪。白求恩坐在由福特旅行车改装的输血站里环顾四周：设备齐全的化验室、整齐码放着空瓶子的冷藏室，还有3张提供给输血者的床。看上去一切都已准备妥当，却丝毫不能缓解他的焦虑——没有血液，一切都毫无意义。3天了，前来献血的志愿者寥寥无几。

"明天会有人来吗？"临睡前，白求恩反复问自己，明明确信人性的正义与善良，却又被一丝丝质疑的沮丧深深困扰。

"白求恩大夫，您快起来看看！"清晨，门外传来洛佩兹医生急促的敲门声。

2000多人挤满了街道，还不断有人涌来，他们当中有男有女，有老有少，有平民也有军人，有衣着简朴的工人，也有雍容华美的贵妇，他们朝着输血站的方向耐心等候着。窗外景象令白求恩大喜过望，也令他坚定了共产主义信念：人民的力量才是最强大的！他努力抑制着内心的激动，冷静地招呼工作人员打开大门，组织输血者按顺序排好队。

登记献血者信息、进行疟疾和梅毒化验、检查血球计数……采血工作从早上持续到傍晚，献血的人仍然络绎不绝，民兵小分队不得不前去维持交通，红色救济会的办事员也赶来帮忙。头天晚上还让白求恩愁眉不展的空瓶子全都装满了，厨房里的冰箱也被临时征用为储藏柜。

10天后，白求恩的流动输血站首次试行就大获成功，此举轰动了整个前线，成为战争中实施救护的重要手段。从此，在马德里前线，常常能看到一辆印有红十字标志的福特汽车和白求恩忙碌的身影，在战事最激烈的阶段，每天输血高达100多人次。

白求恩创造了战争史上的医学奇迹，他是世界上第一个将血库搬到战场的医生。8个月时间里，白求恩完成了700多次输血手术，挽回了500多名濒临死亡的前线战士和国际志愿者的生命，他履行了一名共产党员的光荣使命，为西班牙的反法西斯战场作出了卓越贡献。

"我要去中国！"

1937年5月，白求恩暂时离开了前线，辗转于加拿大和美国各大城市之间，他日夜奔波、巡回讲演，为西班牙反法西斯战争募捐。他原计划是在北美工作4个月，一旦筹足了钱款，就立即动身返回马德里。临近夏末，白求恩改变了主意。

1937 年 7 月 7 日，日本法西斯在卢沟桥向中国军人发起挑衅，开始了新的屠杀。白求恩在一次演讲中无比愤慨地痛斥："章鱼状的垄断资本主义已四处伸出触手，日本侵略中国即是一例！"此后，他一直密切关注报纸上关于中国战场的消息，面对敌我悬殊，中国共产党领导军民顽强抗日、不畏牺牲的精神深深触动了他。这位经历过诸多战事、曾经深陷困惑的"老兵"似乎有了清晰的答案——对于法西斯的罪恶行径，唯一能做的就是抗争、抗争、再抗争！就像勇敢无畏的八路军那样！

在一次聚会上，白求恩认识了一位中国朋友——杰出的教育家陶行知先生。为了联合华侨和国际友好人士支持国内抗战，陶行知自筹经费，先后在欧美和亚洲的 28 个国家和地区进行演讲募捐，白求恩对此十分感动。通过交谈，白求恩进一步了解到七七事变后中国抗战所面临的严峻形势，尤其是战地医疗的严重匮乏令他痛心不已，那里太需要医生了！

"如果中国需要医疗队，我愿意到中国去！"

白求恩决定从西班牙转赴中国战场，去帮助八路军抗击日本法西斯。他把自己的想法向党组织作了详细汇报，不久后，加拿大共产党决定派医疗队援助中国。

因资金匮乏，加拿大共产党领导人蒂姆·巴克向美国共产党总书记厄尔·白劳德提出了援助请求，白劳德积极回应，并提议美加两国可以组成联合医疗队一同前往中国援助，白求恩受邀成为其中一员。讨论会上，同志们提起远赴中国战场的种种危险，加之当地条件十分艰苦，建议要为医疗队成员支付足够的薪水。对此，白求恩并不在意，有过多次战场经历的他更关心的是如何组建一支优秀的医疗团队，如何在前线开展救治工作。

面对种种不确定因素和此行的生死未卜，白求恩也毫不畏惧，他慷慨激昂地表示："我只有一个条件，如果我回不来了，你们要让世人知道诺尔曼·白求恩是以一个共产党员的身份牺牲的。"

白求恩开始着手"加美援华医疗队"的筹建工作，尽管对来自各方面的困难有所准备，但实际情况还是比想象的要糟糕许多。10 月末，抵达纽约的白求恩发现医疗队成员目前只有自己一个人。好在美国共产党总书记厄尔·白劳德十分支持援华行动，他告诉白求恩，自己的好友菲利普·J. 贾菲能提供重要帮助。

贾菲是一名纽约商人，也是《今日中国》杂志的编辑，前不久刚去过中国，历经千辛万苦到达延安军委总部，采访了毛泽东，还结识了美国记者艾格尼丝·史沫特莱。白求恩听到这个名字，顿时激动万分："我读过她写的《中国红军在前进》，她是一位勇敢的杰出女性！"

"的确如此。"贾菲点点头，脸上露出赞赏的神情，"史沫特莱今年 2 月就去了延安，并且一直待在那里，她经常发表文章，呼吁民众支持中国人民的抗日战争。"

贾菲告诉白求恩，自己做了多番努力，四处游说拉赞助，成立了美国援华会，目的就是要把大家的注意力集中到中国。其实，美国民众中不乏关注中国战场的医生和进步人士，他们憎恶法西斯的罪恶行径，胸怀高尚的人道主义精神，但碍于各种顾虑，迟迟无法下定决心。贾菲表示，美国援华会一直在积极从中争取人选。

一位美国共产党员、名叫路易斯·M.弗拉德的年轻医生表达了援华志向，同时又显露出诸多犹豫和担忧。美国共产党经过努力，盛情邀请他加入医疗队。在与白求恩共事的过程中，弗拉德发现他无论遇到怎样棘手的状况都不肯退缩，总是不遗余力迎难而上，那种满腔热忱以及对共产主义信仰毫无保留的奉献精神深深打动了他。在白求恩的影响下，弗拉德打消了顾虑，援华的信心变得高涨起来。

由于对万里之外的中国战场缺乏切实了解，无法确定医疗队抵达后的具体职责，物资的准备工作进展缓慢，难以理出头绪。弗拉德认为中国北部冬季寒冷，需要购买全套的御寒衣服，睡袋、保暖内衣也必不可少。另外，针对游击战的各种户外装备也得备齐。对此，白求恩表示强烈反对，在资金有限的情况下，钱应该尽量用在购置医用器材上，包括手术器械、药品和耗材。

资金问题的确令人忧心。美国援华会成立时

间不长，当时只有一间狭小的办公室，本身的经济状况不容乐观，他们也无法为医疗队提供足够的现金，能做的最行之有效的办法是把白求恩引荐给一些支持进步事业的富人，让他尝试在短时间内自筹款项。这与加共认为的"美国有钱"的情形实在是相去甚远。白求恩没有放弃，他充分发挥自己的演讲才华，出入各种社交集会，不失时机地传播共产主义信仰。他生动描述日本侵华的恐怖情形，饱含深情地表达自己前往中国援助的愿望，倡议大家为医疗队捐款。听众们深受感动，纷纷慷慨解囊。

演讲过程中，白求恩注意到曾担任过美国胸外科学会主席的霍华德·利连索尔医生听得十分投入，便俯身向前，诚挚地对他说道："医生，我们需要你。或许你会牺牲在中国，但是，还有什么比为自己的同胞牺牲更高尚的事情呢？"

在白求恩饱含激情的倡导下，利连索尔心动了，他的眼神中充满了向往，热切询问起援华医疗队的筹备情况。但这场成功的动员还是以失败而告终了，毕竟利连索尔已 76 岁高龄，实在无法承担漂洋过海奔赴战场的工作。

12月的一天，弗拉德无比遗憾地告诉白求恩，因为护照申请被拒绝，自己不能与他一同前往中国了，但他会倾尽全力做好后援工作。白求恩无奈地笑了笑。队员招募始终不顺利，眼下弗拉德也退出了，援华医疗队除了他自己，就只有美国援华会推荐的外科医生爱德华·帕森斯和来自加共的女护士琼·尤恩了。

启程的日子越来越近，医疗队始终没有摆脱人员少、资金紧张的困境，与最初的宏大计划相去甚远，但这仍然没有动摇白求恩的决心。

"我就要去中国了！"忙碌间隙，白求恩与朋友们一一话别。大家都知道，这次分别的意义与以往完全不同，白求恩即将远渡重洋，奔赴战场。面临一个完全陌生的世界，一切都是未知数，不管是谁，内心都难免有疑惑、有恐惧，这也是人之常情。有朋友挽留他，劝他放弃援华计划。

"留下来吧！继续和我们一起聊天，跳舞，喝酒，这样不好吗？为什么非要去中国？"

"不，你们要是想明白我为什么到中国去，就去读一读《共产党宣言》，读一读埃德加·斯诺的《西行漫记》，还有艾格尼丝·史沫特莱的《中国红军在前进》。"白求恩笑着回答。

临行前，他匆匆回了趟家，与年迈的父母道别，父亲非常支持白求恩的中国之行，这与家族代代相传的行医、传道、献身精神是完全一致的。母亲伊丽莎白已经满脸皱纹，她颤颤巍巍从屋子里走出来，伸出双手反复抚摩儿子的脸："我的坏小子，这一次你实在走得太远了。"作为母亲，她比谁都了解自己的儿子：坚定执拗，认定的事情非完成不可。

"妈妈，请您保重身体。"白求恩拥抱着瘦弱的母亲，如今他已人到中年，再也说不出当年离家时依依不舍的话语。

1938年1月，经过艰难的前期准备，诺尔曼·白求恩率领三人组成的加美援华医疗队，携带大量医疗物资，从温哥华港乘坐"亚洲皇后"号游轮启程了。48岁的白求恩独自站在甲板上，望着波涛汹涌的大海，陷入沉思。该告别的人都告别了，唯独前妻弗朗西丝令他难以释怀，由于

白求恩长期忙于事业，疏忽了家庭，两人的婚姻最终还是走到了尽头。或许出于愧疚，或许出于更为深刻的不舍，白求恩没有同弗朗西丝当面道别，只是写了一封长长的告别信。

"我拒绝生活在一个制造屠杀和腐败的世界里而不奋起反抗。我拒绝以默认或忽视职责的方式来容忍那些贪得无厌的人向其他人发动战争。"在信中，白求恩再次阐明了自己离开的原因，"西班牙和中国都是同一场战争中的一部分。我现在到中国去，因为我觉得那儿是需要最迫切的地方，那儿是我最能够发挥作用的地方。"

"亲爱的，祝你幸福……"

海风袭来，掀起白求恩的衣角，他手扶冰冷的栏杆，长久地眺望着东方。

空袭下的艰难跋涉

1938 年 1 月下旬，加美援华医疗队从香港飞抵汉口。正值日军"大轰炸"之时，蝗虫般的日军飞机漫天乱飞，投下一批又一批重型炸弹，高密度的轰炸往往会持续四五个小时。整座城市陷入一片火海，弹坑周围躺满了尸体。白求恩不禁回忆起曾在马德里见过的惨状，他没有料到，比起德意法西斯的罪恶行径，日本强盗更为凶狠残暴。

令白求恩意外的是，站在停机坪等候他们到来的竟是艾格尼丝·史沫特莱。原来，贾菲一直与史沫特莱保持着密切联系，得知她已从延安转至汉口工作，便委托她担任医疗队的联络员。

中共中央军委副主席周恩来代表中共中央对白求恩一行表示了欢迎，并且向他们详细介绍了抗日战争的形势和我党的政策。不知不觉间，谈话已进行到深夜，白求恩边听边做笔记，当周恩来发出邀请，希望他们去后方医疗机关参观时，白求恩却表达了另一种迫切心情："我来中国是要到前线工作的，现在抗战形势紧迫，请您尽快安排我去山西。"

周恩来不解地问："为什么要去山西呢？"

白求恩坦诚又急切地回答说："在加拿大时，我从报纸上看到八路军在山西打了胜仗，所以，我断定那里一定是最前线。我要去前线救治伤员！"

周恩来听完点点头，露出了赞赏的微笑。他告诉白求恩，山西确实是前线，两个月前，山西、察哈尔和河北三省成立了晋察冀军区，担任军区司令员的聂荣臻同志正是在山西平型关伏击日本法西斯并取得胜利的指挥员之一。周恩来建议援华医疗队先到延安去，再从延安到晋察冀，这样相对安全一些。

在汉口，史沫特莱像老朋友一样热情地接待了他们，为初来乍到的白求恩一行提供了许多重要帮助。了解到医疗队缺少人手后，她很快联系到一位愿意加入的医生——在一所教会医院工作的理查德·布朗。

"我支持中国人民，愿意去最需要我的地方，给共产党的八路军战士疗伤！"布朗医生朗声说道。

"我也如此！"

白求恩与布朗两人一见如故。来自加拿大的

布朗也毕业于多伦多大学，是白求恩的学弟，并且也是一位技术熟练的外科医生，说着一口流利的中国话。他们在交谈中，发现彼此对帮助中国人民、支持八路军抗日的志向高度一致，更是感叹相见恨晚。布朗当即向白求恩承诺，处理完教会医院的工作后，就立刻前往延安与他会合。

2月22日凌晨5点，白求恩和尤恩登上了北上的列车，帕森斯由于身体原因决定返回美国，援华医疗队只剩下两名成员了。白求恩向尤恩打趣道："一名医生加一名护士，不能再少了！"尤恩笑着说："我们将是最佳搭档，别忘了我会说汉语，还略懂一些中国文化，可以给你当翻译呢！"26岁的尤恩是出于人道主义精神和对中国的喜爱而加入医疗队的，她曾在中国山东省一所罗马天主教会医院工作过4年，对中国有着很深的感情，回到加拿大之后一直渴望着重返中国。

"说得没错！预祝我们合作愉快！"白求恩信心十足地点点头。

援华医疗队将要前往八路军总部驻地——山西洪洞。为了确保安全，周恩来专门派了几名战士护送他们，还让一位八路军干部小周当向导。旅途一开始显得轻松愉快，尽管车厢里拥挤不堪，硬邦邦的木头凳子座位下面塞满了行李和包裹，过道里站满了没有座位的乘客，各种刺鼻的气味弥漫在潮湿污浊的空气中。

白求恩无暇顾及恶劣的环境，他好奇地见识着种种与北美地区截然不同的人文景物，窗外的山水和建筑、人们的衣着打扮、各种工具物品……一如童年时期他对频繁搬家抱有的极大热情。在尤恩出色的翻译下，白求恩与随行的八路军干部小周交谈甚欢。小周当时才27岁，岂料年纪轻轻已有10年军龄，参加过长征，历经磨难却保持着开朗乐观的性格。两人很快成了好朋友，白求恩还把自己从马德里带来的折叠刀送给了他。

"长征——了不起！"白求恩竖起大拇指，他兴奋地让尤恩告诉小周，自己读过艾格尼丝·史沫特莱的《中国红军在前进》。火车每到一站，热情的小周都要从站台上购买一些当地食物，白求恩和尤恩兴致勃勃地品尝了小米粥、炸兔肉，还有大饼和馒头。

在前往潼关的列车上，情形糟糕起来。原本只有300公里的路程，由于日军飞机的频繁袭扰，列车走走停停，旅途变得漫长且危险。白求恩为此焦灼不安，战事紧迫，每分每秒都可能有战士伤亡，他急于去往八路军前线展开工作，不想把时间浪费在路上。一听到警报声或者轰炸声，列车司机就得紧急停车，乘客们纷纷逃离车厢，跑到铁路两侧的田野里躲避，等警报解除后，再爬上已经向前滑行了几百米的列车，等待再次启动，一两个小时每每就这样耗费掉了。

7天的行程中，白求恩多次遭遇空袭危险，谁也说不准炸弹会落到什么地方。有一次，成群的敌机怪叫着从头顶掠过，轰炸声此起彼伏，趴在田间的白求恩发现不远处有一堆不知什么时候被炸毁的列车残骸，爆炸引发的大火已将车厢烧得面目全非。

行程越来越慢，和平时期只需要3天的旅程，战争时期却费尽了周折。列车一再晚点，险情不断出现，在历经了无数次慌乱躲避、艰难辗转之后，列车终于抵达临汾，洪洞已近在咫尺。

站台上数以千计的男女老少拖着行李，其间还有不少受伤的军人，人潮涌来涌去。八路军战士刚把行李搬运下车，空袭警报又再次响起。白求恩和尤恩被人流推搡着跳进了壕沟，许多人群还没来得及隐蔽，嗡嗡作响的日军飞机疾驰而过，对着四处奔逃的人群猛烈扫射。日本法西斯已经完全不择手段地肆意杀戮平民了。白求恩越发意识到战况的严峻，在慌乱的人群中他显得忧心忡忡。

很快，又一个坏消息传来，因为大量日军逼近，八路军总部已经转移，具体地点还不清楚。小周告诉他，眼下唯一的办法是尽快返回潼关。他们找到了一列南下运送物资的货车，装大米的车厢里还能容下三人。然而，越来越频繁的空袭最终导致列车瘫痪在了一个小村庄。

眼下，困难又增加了一重，白求恩他们必须护卫好车厢里的400袋大米，绝不能让这批粮食落入日军手中。战士们为此花费了两天时间艰难寻购运输工具、雇车夫，第三天中午，由50名战士、车夫和42辆马车组成的车队浩浩荡荡地上路了，他们要徒步 320 公里直到黄河边。

天气晴朗，湛蓝的高空万里无云，白求恩大步走在队伍前面，一口气步行了整整 4 个小时，依然神采奕奕。

"我虽然比你大很多，但当个八路军战士还是响当当的。"白求恩拍了拍小周的肩膀，兴致勃勃地准备打开话匣子，"想当年，我还当过伐木工……"

就在这时，他突然发现头顶有两架轰炸机正向南飞行，后面那架的机翼开始剧烈抖动，战场经验丰富的白求恩意识到敌机很可能是冲他们来的。运送大米的队伍完全暴露在一片开阔地上，周围一棵树一块石头都没有，而战士们所有装备加起来只有 5 支老式步枪。危急关头，小周命令大家立即疏散隐蔽，所有人都朝远离马车的方向奔跑起来，白求恩学着战士的样子扑倒，然后将脸埋在了沙地里。

从声音可以判断出，敌机正在俯冲，那么接下来就是投弹了。所幸，日军飞行员的准确性特别差，飞机在距离地面不到 60 米的高度投下了 4

枚炸弹，却都没有击中目标。大伙儿正为此庆幸时，第二轮轰炸又来了！虽然这一次仍没有击中，但是四散的弹片最终还是夺去了两名战友的生命，部分人受伤，15头骡子被炸死。

在为战士们处理伤口时，惊魂未定的尤恩频频出错，她抑制不住痛哭失声，眼泪像断了线的珠子，手也抖得厉害，根本无法集中注意力协助白求恩手术。原来刚才一颗炸弹在她乘坐的马车旁爆炸，她虽然毫发未损，却亲眼看到身边的战士被弹片击中，倒在血泊里。对于毫无战场经验的年轻女性来说，惊恐也是出自本能，但白求恩仍然大发雷霆，他认为医者不应该被情绪左右，任何时候都要以救护为天职，斥责她胆小懦弱，胜任不了战地工作。

"你简直就是一个冷血的传教士！"尤恩一边抽泣一边反击道。

当车队行至汾河南岸时，日军已占领了临汾，正向南进攻。小周命令大家加快速度，趁着夜色抓紧赶路，看到白求恩还在施救，二话不说，架起他就走。尽管如此，白求恩还是不断地停下来救助途遇的伤兵和村民。尤恩哆哆嗦嗦地配合着，为了避免再次"挨训"，她咬着牙，努力控制自己的情绪。有个不到 16 岁的孩子，肩膀被炸得血肉模糊，白求恩给他取弹片时，他痛苦地一边挣扎一边哭喊："我不想死，我还没活够呢！"尤恩见状，横下心去用力摁住孩子的身体，以便手术顺利实施。

"放心吧，孩子，等处理完伤口，你就能好好活着了。"白求恩一边安慰孩子，一边用谴责的眼神回应小周的催促，"只要有伤员，就必须停下来抢救！"

1938 年 3 月 3 日，车队终于赶上了战斗在抗战前线的八路军大部队，所有人都松了一口气，空袭下的艰难跋涉总算告一段落。第二天，在尤恩的协助下，白求恩给伤员们换了药，这一次，尤恩的表现获得了赞赏，她思路清晰，眼神镇定，手也完全不抖了。

"我为我之前的断言抱歉。"白求恩真诚地对年轻的女助手说，"你进步飞快，从恐惧到无畏，只用了 3 天时间。"

"看在您医术高超的份上，我原谅您的坏脾气。"尤恩俏皮地眨了眨眼睛。处理完所有伤员之后，尤恩提议带白求恩去城里逛逛，顺便给他介绍一下中国的风土人情，白求恩欣然应允。市集充满了浓郁的生活气息，人们穿着粗布棉衣走来走去，孩童们聚集在屋檐下嬉戏，还有木桶里活蹦乱跳的鲤鱼、耷拉着肥耳朵的黑猪、路边摇着尾巴叫唤的狗，以及窗户上糊的白纸，无一不吸引着白求恩好奇的心。

"这里就是中国小镇的缩影，多么恬静多么自在的生活啊，要是没有战争那该多好。"白求恩心想。他在当晚的日记中写道："今天是我的生日——四十八岁。去年在西班牙的马德里，今年在中国的河津。"

百分之七十五救治率的承诺

卡车在疏落的山间颠簸，山道崎岖，时而沿

着山腰爬坡，时而急转直下，一路上尘土飞扬。白求恩和尤恩坐在车里，从头到脚都覆上了一层黄土。这就是中国陕北，黄褐色的山上盛开着一簇簇野花，另一侧是一望无际的层层梯田。

延安快到了，白求恩望着窗外的陌生景象，热切的期待激荡在胸间。来华两个多月了，他对中国的感情越来越深厚。两天前，车停三原县，尤恩陪他看了一场地方戏，白求恩学着周围观众的样子，嚼花生、嗑瓜子，时不时端起盛着热茶的瓷碗啜饮几口。演出尚未开始，剧场里已热闹非凡，因为大家发现来了两位高鼻梁蓝眼睛的外国人，全都挤到他俩面前，一边打量，一边开着友好的玩笑。白求恩被这些朴实而又充满善意的中国人打动了，笑嘻嘻地冲他们招手，还拿出随身携带的相机拍照留念。

进城时，一个小战士煞有介事地将他们拦下，要求出示通行证。

"让我好好看看你，我还从没见过你这样长相的人呢！你是来帮助我们的吧？"小战士歪着脑袋，对白求恩说。

听完尤恩的翻译，白求恩兴冲冲地跳下车，与可爱的小战士攀谈起来。

"整座延安城都在等你们！已把最好的房子腾出来给你们住！"小战士眉飞色舞地告诉他。

说话间，一个身材结实的黑发男子骑着自行车飞奔过来，他灵巧地跳下车，用力握住白求恩的手，操着一口纯正的美式英语说道："您好！我叫马海德。您就是白求恩医生吧！太好了，大家从早上就开始敲锣打鼓盼你们来了！"

白求恩高兴地说："我听说过你！你是去年和斯诺一起来延安的，对吗？"

"是的，我留了下来，我决定一直为八路军工作！"热情洋溢的马海德带着白求恩前往住所，一路上，他继续用英语介绍自己。马海德是一位黎巴嫩裔的美国人，本名叫乔治·海德姆，当初来中国是为了考察流行病，在看到法西斯侵略者给中国人民带来的深重灾难后，他决定投身革命事业，援助共产党的抗日活动。白求恩一边听一边点头，他欣喜地想到了史沫特莱，想到了布朗医生，是啊，像马海德这样热爱和平和捍卫正义的国际人士大有人在，援华医疗队是不会孤身战斗的！一股暖流激荡在白求恩胸间。

小战士说得没错，老百姓精心修整了延安招待所，那是一排依山而建的窑洞，每个窑洞的窗户上都新糊了宣纸，墙壁用白灰粉刷一新，房间里打扫得干干净净，没有门，只有一幅厚帘挂在门洞上。白求恩新奇地环顾四周，被陕北特色的建筑深深吸引，当然最感兴趣的还是土炕，那是当地特有的床，用黏土制作，里面挖有孔道，可以烧火取暖。他迫不及待地跳上去，坐一会儿又躺一会儿，像个小孩子。

到达延安的第二晚，八路军军医处处长姜齐贤来到白求恩的房间，告诉他："毛泽东主席今晚会见你们。"

"真的？"已经睡下的白求恩倏地直起身来。

"当然是真的，请准备一下，我会陪同你们前往！"

白求恩急忙穿上新发的八路军灰布军装，然后打开皮箱，从箱底拿出一个皮夹，郑重地放进贴胸的口袋中。

会谈在毛泽东住的窑洞里进行。白求恩刚走进屋子，毛泽东就笑着伸开双臂迎了上来，朗声说道："欢迎，欢迎！"两个人握着手，在摇曳的烛光下互相端详。

在白求恩的第一印象中，毛泽东身材魁梧，漆黑的头发在巨狮般的头部中央分开。他想到了长征，正是眼前这位被称作东方巨人的领导者，带领红军经历了二万五千里的长途跋涉，不由升起一股强烈的崇敬之情。白求恩赶紧拿出自己的加拿大共产党员证书，那是一张印有名字的白色方巾，上面有加共总书记蒂姆·巴克的签名。

"我们将把你转入中国共产党。从现在起，你就是这个国家密不可分的一分子了。"毛泽东郑重地接过证书，随即亲切地招呼他抽烟、喝茶。

"你们不觉得白求恩大夫很像列宁吗？"毛泽东向尤恩和充当翻译的马海德医生幽默地说道。

众人一看，果然像，尤其是下巴上那撮山羊胡。尤恩愉悦地附和道："真是像极了，不过，白求恩大夫后脑勺的形状还要好看一些。"白求恩听罢面露得意之色，信仰共产主义的他对列宁十

分倾慕，他读过列宁不少著作，穿着打扮上也有意无意地向列宁靠拢。

正式会谈就这样在轻松愉快的气氛中开始了。他们从西班牙战场谈到中国抗日战争，再谈到前线医疗的现状。随着交谈的深入，白求恩越发感受到毛泽东的魅力与风范：这位共产党领袖具有高度的文化修养，他是一位诗人，同时又能以锋利的政治言论阐明自己的思想。白求恩发现，自己在美国读过的几篇毛泽东访问记并没有准确勾勒出他的整体形象，他是一位丰富广博的人物，他身上有诸多超越常人的品质，而他的思想和谈吐又极其平易近人。白求恩心想，如果有机会，我要给毛泽东拍几张照片，甚至为他画一幅油画。

在谈到卫生工作时，白求恩诚恳地请求道："毛泽东先生，请您允许我到前线去。前线的八路军将士在流血牺牲，那里最需要我。"

中共中央军委主席毛泽东深深地吸了口烟，他望了一眼一直陪同会见的军医处处长姜齐贤："关于这个问题嘛，你们军医处的意见如何呢？"

姜齐贤思考了片刻说："报告主席，军医处的想法是把白大夫留在延安，在我们的卫生学校担任教学工作，请主席批准！"

毛泽东听罢点了点头表示赞可，接着又皱着眉头站起来，在屋子里来回踱步，过了一会儿，他沉吟道："白求恩同志说得好哇！我们的八路军战士在前方流血牺牲，当务之急是组织好前线救护。但是，培训出能上前线的医务人员也是当务之急，八路军正处于敌强我弱的形势下，又在迅速发展之中，人力和经验对我们来说也是十分宝贵的呀！我看啊，你们军医处需要好好考虑一下白求恩同志的工作安排。"

"是！主席，我们会谨慎研究的。"姜齐贤站起身回答道。

夜深了，那间几乎没有陈设的窑洞里还不时传出一阵阵高谈阔论。毛泽东最为关心的是怎样才能最有效地救治伤员，这也正是白求恩一直在思索的问题。

"像西班牙那样单纯组织流动输血队的方式在中国是不适宜的。"白求恩神情专注地说，"我认为，最能发挥作用的方式就是组织战地医疗队，到前线去抢救伤员。根据我的经验，如果手术及时，75% 的伤员都能获救和康复。"

"75%？"毛泽东盯住白求恩，对方的陈述令他感到惊讶，接着说道："这个数字正确吗？现在我们伤员牺牲和伤残的太多了。"

"正确。"白求恩肯定地回答道，"我与马海德大夫讨论过这个问题，大多数重伤员的死亡都是因为没有及时手术，而大多数伤残也是因为错过了最佳手术时间，如果及时实施救治，百分之七十五的伤员都能得以康复。"

就在白求恩到达的当天，卫生部的江一真医生带着他参观延安的窑洞医院，在那里白求恩了解到一个令人万分痛心的现状，任何一家后方医院都没有接收过腹部受伤的伤员。通过与江一真的进一步交流，他了解到了其中缘由，这并不代表前线没有这样的伤员，而是他们根本无法到达后方医院。换句话说，他们在半路上就牺牲了。想到这里，白求恩遗憾而沉重地摊开双手。

这时，毛泽东的注意力完全集中在百分之七十五救治率这个数字上了，接下来的谈话始终绕不开这个话题。毛泽东再次站起身来,一边踱步一边用宽厚而低沉的嗓音说道:"要是我们的战士知道,他们一受伤就能立即得到治疗,那一定好极了。可我们的困难太多了,缺少医生、缺少护士、缺少药品,并且四面受敌。"

"毛泽东先生,请您不用太过担心,我带来的医疗器械足以装备一个战地医疗队。"在来华的日子里,白求恩已经切身体会到目前药品、器械和医务人员都极度匮乏的状况,但他仍然保持乐观,他满怀信心地说:"我会立即写信给纽约的援华会,提议他们每月至少汇来一千美元,以促进和维持战地医疗队的运行。"

会谈结束时已是凌晨2点。毛泽东把白求恩送到门口,请他代为向其他提供援助的加美友人转致谢意。分别之际,他再次向白求恩确认:"关于你刚才所说的那类伤员——百分之七十五,是表示能救活的伤员的实际比例吗?"

"是的,主席。"白求恩笃定地回答道,"百分之七十五!"

毛泽东紧紧握住了白求恩的手,眼中饱含期待。

要命的水煮蛋

与毛泽东见面后，白求恩激动得久久无法入睡，天亮后，他又参加了一系列座谈和采访，虽然疲倦，却感觉异常愉快和充实。在抗日军事政治大学，白求恩受到了几千名听众的热烈欢迎。他针对国际形势、西班牙内战、加拿大和美国的各种政见发表了慷慨激昂的演讲。白求恩俨然成了当地名人——一位国际知名的外科大夫，西班牙战争中的英雄，不远万里来延安援助抗日。大家都想见见这位传奇人物。

越来越多的邀请接踵而至，这令白求恩陷入了矛盾，天性热情的他难以拒绝人们的善意，可他来中国的目的并不是为了高喊口号，而是要利用自己的外科技术救治伤员，实实在在地为抵抗法西斯侵略者作出贡献。

为了躲避打扰，专心筹备战地医疗队，白求恩和尤恩商量决定搬到凤凰山脚下两间简陋的窑洞里，并且拒绝各种物质优待，不愿再给组织增加财物负担。唯一妥协的条件是，白求恩留下了八路军派给他的勤务员。

被大家称作"小鬼"的青年名叫何自新，20岁，参加过长征，但他看上去要比实际年龄小得多，身高不足1米5，体重只有45公斤。刚见到白求恩时，小鬼转身就跑，这个高鼻梁蓝眼睛并且一脸凶相的外国人着实把他吓到了。临时负责翻译的战士只好赶紧把他追回来，一边听白求恩提要求，一边转告他，如何整理房间，如何摆放物品，如何收拾床铺。何自新每天照顾白求恩的起居，最令他头疼的就是语言障碍，因为没有翻译，他只能绞尽脑汁地揣测这个时不时冲他哇哇乱叫的外国人究竟在表达什么。白求恩专注于工作，并不计较生活上的小事，但文化认知和生活习惯上的巨大差异，在语言不通的情况下令他免不了发脾气。

有天晚上，何自新为白求恩端来一盆洗脸水，然后拿下搭在肩头的毛巾，按照中国人的习惯放进了水盆里。而白求恩向来喜欢用干毛巾擦脸，他一边大喊着"No！No"，一边把毛巾捞出来扔到地上。这个举动令何自新大惑不解，他猜想大概是水温不合适吧，便重新换了一盆，再次把毛巾放了进去。白求恩见状更生气了，高声叫道："别把那该死的毛巾放在水里！"

何自新吓得端起脸盆飞奔到门口，站在台阶上惊慌失措："该死的毛巾没有了！"

因为长期物资短缺，延安的生活条件异常艰苦，对于白求恩这个外国人来说，适应起来更是难上加难。吃惯了西餐的他已经很久没闻到过牛排的香味，没有品尝过红酒的醇厚了。在中国陕北的农村，要想获得这些食物简直就是天方夜谭。

有一次，八路军从老乡手里买来一小筐鸡蛋，派一名小战士给白求恩大夫送去一些。白求恩知道物资艰难，怎么也不肯收，小战士急得满脸通红，搁下鸡蛋就跑了。看到竹筐里的鸡蛋，白求恩想起了小时候家中早餐必吃的水煮蛋，软嫩适中、香甜可口。"那就让小何煮一枚水煮蛋吧！"白求恩心想。

可煮出来的鸡蛋完全不对劲，白求恩有些气恼。何自新没有想到其中蕴含的乡愁，他想不通为什么，煮老了不行，煮嫩了也不行，一个鸡蛋而已，煮熟了不就行了么。

为一个水煮蛋，白求恩大夫已经闷闷不乐好几天了。又是一日清晨，何自新一边烧水一边嘀咕："要命要命，真要命！"水开之后，他对着锅里的鸡蛋，嘴里念念有词，最近他琢磨出了一个办法——数数。前天煮鸡蛋数到200，白求恩大夫吃的时候皱着眉，昨天数到100，鸡蛋还是不合格。那么，今天干脆数一个中间数。没想到，这次真的成功了。白求恩一边吃一边闭上了眼睛，那熟悉的香味仿佛跨越千山万水，将他带回温暖熟悉的家园。白求恩露出陶醉的神情，还冲小何伸出大拇指，夸赞鸡蛋煮得恰到好处。何自新从没见过白求恩大夫如此高兴，眉飞色舞的，像个小孩子。

因为这枚合格的水煮蛋，白求恩专门叫尤恩为他们拍了一张合照，还送给何自新一本书作为奖励。何自新心想，这可真要命，一个水煮

蛋居然惊动了翻译，还用上了照相机。照片上，白求恩津津有味地吃着"家乡风味"的鸡蛋，"厨艺高超"的何自新手里拿着奖品站在旁边。

"小鬼"何自新成天惴惴不安，对白求恩敬畏中还带着深深的惶恐，生怕自己做错了什么，遗漏了什么。但随着时间的推移，小何逐渐了解了这位国际友人，他所从事的救死扶伤的高尚工作，还有他坚韧的个性和伟大的精神，都令人心生敬意。两人在朝夕相处中慢慢熟悉起来，语言上的障碍也有所缓解，白求恩学会了不少简单的中国话，何自新更是利用各种机会向懂英文的战友请教。有时他会惊讶万分，因为通过战友的翻译，他终于搞明白了，被他误作批评的口头禅其实是在夸奖他，而他以为受表扬的句子实际上是一句骂人话。为了当一名合格的勤务员，何自新决定认真学习英语，每天晚上，白求恩对着打字机啪嗒啪嗒打字的时候，他也坐在旁边的小凳子上，借着烛光，轻声认读写在小纸片上歪歪扭扭的字母和单词。

"撒——勒——泼。"何自新费劲地读着。

"No!"白求恩转过头来纠正道,"sleep! sleep!"

"哦,思勒普,思里泼。"小何摇摇头,笨嘴笨舌地继续学,"还是不对,应该是思——里——普,对吗?"

"Very good!"白求恩大加赞赏,顺便也展示了一下自己最拿手的一句中文,"很好!很好!"

"那么,'外瑞古德'就是很好的意思,对不对?"何自新饶有兴致地问。

白求恩听罢,拍了拍小何的肩膀哈哈大笑起来,小何歪着脑袋,疑惑地想,白大夫究竟是听懂了还是没听懂,我说的这句话很好笑吗?

离开延安时,白求恩发现他的"小鬼"并没有在同行人员中。原来,八路军接待处的同志担心何自新体格弱小,沿途无法胜任照顾白求恩的工作,重新安排了一个身强力壮的战士,白求恩接连摆手道:"我不要大个子,只要一个小个子就行了。"管理员便又领来两个小个子战士,白求恩一看他俩都背着枪,又道:"不要带枪的,我只要一个小个子的小鬼。"正当大伙儿疑惑不解时,白求恩转身返回窑洞，径直走进何自新的房间，拿起他的背包，冲他大手一挥："小鬼，走！"

从此，曾被水煮蛋折磨得要命的"小鬼"何自新始终跟随在白求恩身边，陪伴他生活战斗了18个月，直到生命的最后一刻。

绝不留在后方

白求恩一心要奔赴晋察冀前线工作，军医处处长姜齐贤十分担心他的健康问题。一方面，白求恩大夫已经48岁了，虽然体魄还算强健，但毕竟在第一次世界大战中受过伤，还曾罹患肺结核，姜处长担心在居无定所、昼夜奔忙的前线，白求恩的身体会支撑不住。另一方面，很多同志都认为白求恩留在延安就能充分发挥作用，他精湛的外科技术和广博的医学知识可以为延安卫生学校培训出许多优秀的医务人员。左思右想，姜处长也拿不定主意，毛泽东表示，还是要再听听白求恩本人的意见，但如果能说服他，就请他留下来。

"白大夫，还是请您留在延安工作吧！"姜齐贤委婉地告诉白求恩大家对他上前线的诸多担忧，以及下一阶段延安工作的种种设想。同去的马海德大夫还没把姜处长的话翻译完，白求恩就突然站起身，愤怒地抄起一把椅子从窗口扔了出去。只听哗啦一声响，窗棂被撞破了，四处乱飞的窗纸碎片在尴尬气氛中显得惊慌失措。姜齐贤愣在那里，一时间不知如何是好。

"你知道吗？你这种行为在中国人眼里非常失礼，也显得没有教养。"马海德神情严肃地斥责白求恩，"你必须向姜处长道歉！"

白求恩情绪激动，像一只困兽急促地在屋子里来回踱步，时而又停下，张着嘴巴做深呼吸。看得出来，他正努力调整自己的情绪，希望自己恢复冷静。

"我愿意为我的失礼而道歉。"过了一会儿，稍显平静的白求恩走到两人面前表达了歉意，却仍然脸色铁青，"但是，你们必须先向那些截了肢靠双拐行走的伤员道歉！向前线的战士道歉！"

　　白求恩坚定地表示，他一定要去晋察冀边区，距离战场越近，自己的作用才能发挥得越大。眼下，他已经从各个方面作好了准备，唯独从纽约带来的医疗设备还在运输途中，等它们一到，就可以即刻动身。

　　听完马海德大夫的翻译，姜齐贤彻底被打动了。晋察冀边区具有非常特殊的战略地位，它的北部边界距北平南部只有15公里，是日军进攻中国腹地的重要通道，因此也是战事最为频繁、处境异常危险的地方。即便如此，白求恩仍执意前往，要尽最大可能去救治伤员。显然，他已经将个人生死抛之脑后。这是作为一名医者最为崇高的职业操守啊！想到这里，姜齐贤终于下定决心。

　　"白求恩大夫，请您放心。过不了多久，我们就会安排您到前线去。"

　　"那就太好啦！"白求恩转怒为喜，走上前去拍了拍姜处长的肩膀，用生硬的中国话称呼对方，"同志，我决不留在后方。"

看到白求恩开心的笑容，姜齐贤似乎也接纳了对方的坏脾气。关于白求恩大夫暴躁易怒，常常令身边人感到害怕的传言，姜齐贤也略有耳闻，如今看来各种说法多少都带着些错误揣测。实际上，这位来自加拿大的外科医生坦诚而率真，为了援助中国抗日，不辞辛劳，远渡重洋，甘愿忍受极其艰苦的物质生活，甘愿冒生命危险，却从未表现出一丝胆怯和退缩。姜齐贤终于理解了，他那冲动易怒的情绪几乎都是在无法全力施展医术的焦虑之下爆发的。

1938 年 4 月 13 日，理查德·布朗医生搭乘国际联盟的卡车从西安赶到了延安，白求恩欢呼着跑去同他拥抱，算起来，距离两人上次见面正好两个月时间。高兴之余，白求恩把布朗拉到一旁，责备他来得太迟，低声质问道："你不知道晚来一天会耽误多少抗日战士的救治吗？"布朗赶紧解释，自己已经用最快速度处理完教会医院的工作，这次专门申请了 4 个月的休假，就是为了和白求恩一起为八路军做些事情。

有了布朗医生作搭档，白求恩对上前线展开

工作就更有信心了。4月20日，有消息传来，医疗队的物资已经从香港运到西安，白求恩立刻派尤恩赶往西安接洽取货事宜。5天后，医疗物资安全抵达延安，白求恩仔仔细细清点了一遍，发现一件也没有丢，他愉快地拥抱着每一件行李，还凑上去不停地亲吻："乖乖，总算把你们盼来了，咱们明天就上前线去！"

看到白求恩滑稽的模样，一旁的马海德乐了，打趣道："你的亲吻让我联想到教堂的婚礼。"

这个时候，大家才发现尤恩并没有返回，焦急等待了几天后，白求恩不愿再拖延行程，就按计划时间出发了。10个盛满医用物资的金属箱装上了卡车，姜齐贤带领12名全副武装的战士随同白求恩和布朗共同北上。临行前，白求恩嘱托马海德转告尤恩，已经将她的行李物品一并带走了，因此请她务必尽快归队。

原来，尤恩去西安的途中正好遇到了装载他们医疗物资的军车，但她并没有跟随车辆返回，而是继续前往西安，按照白求恩的指示采购了一大批医用耗材。尤恩回延安接到消息后，马不停蹄地北上追赶队伍，途经第 120 师司令部驻地山西省岚县，她看到医疗站条件艰苦，也缺乏专业的医护人员，便停下来予以帮助，在贺龙将军的建议下，尤恩决定就此留在 120 师的卫生部门工作。

这次分别之后，白求恩与尤恩就再也没有见过面。后来白求恩有了新的助手，也有了更专业的翻译员，却常常回忆起与尤恩共事的日子。在对待工作极其严苛认真的白求恩眼里，尤恩固然有不足，操作技术有许多需要改进的地方，在胆识和意志力方面也有待进一步锤炼，但这并不妨碍他们不远万里一起来到中国，在共同的反法西斯事业中建立起珍贵友谊。

沿途救治

医疗队要去的第一站是距延安 200 多公里的神木县贺家川后方医院，那里有很多伤员，急需医生救治。白求恩一行穿过贫瘠的黄土高坡，一路向北。雨后的黄土路又黏又滑，车行速度十分缓慢。快要到达绥德时，路上出现了一片沼泽地，尽管驾驶得格外谨慎，卡车还是陷进了路边的淤泥里，司机试着加大油门，车轮反而越陷越深。

白求恩急忙跳下车，绕着车子仔细观察了一圈，然后琢磨出了解决方法。

"快！告诉战士们，赶紧找一些大石块和木棍塞到车轮下，然后所有人员都去卡车侧后方。"

白求恩跑到车尾右侧，对布朗大喊着，"就是这里，从这个方向推！快告诉大家！"

布朗会意地点点头，冲他伸了个大拇指，随即把白求恩的意思翻译成中文。见大伙儿都行动起来了，白求恩又跑到驾驶室示意司机听他指挥，他一边大声招呼众人用力推车，一边提醒司机在恰当的时机猛踩油门。风雨中，只见白求恩比着手势，卖力地呼喊着，他的头发乱糟糟地贴在额头上，雨水顺着脸颊往下流，裤管上裹满了黏糊糊的泥巴，看上去狼狈极了。几个回合后，卡车终于摆脱了泥泞，白求恩乐得蹦了起来，嘴里还叽里呱啦地自言自语。姜齐贤和战士们都看呆了，却又不知道他说了些什么，纷纷转头朝向布朗医生。

布朗医生笑呵呵地说："他的意思是，要想救治伤员，得先救治汽车！"

接下来的路越发难走，再往前就没有公路了。从米脂开始，他们改换成骡子驮器械，所有人跟着步行。每当晚上借宿老乡家，白求恩总是刚一安顿下来，就开始接诊，无论是住在老百姓家里的八路军伤员还是生病的村民，他都悉心医治，如果发现病情严重的伤员，就立即安排手术。

村民从未见过外国医生，更没见过为病人做手术的场景。白求恩和布朗做手术时，屋外总会围满看热闹的人，他们趴在窗户边，瞪大眼睛，好奇地见识着"血淋淋"的恐怖场面，低声议论着，发出一阵阵惊叹声。为了不让手术受干扰，勤务员何自新就得经常跑去疏散人群，但过不了一会儿，村民们又会重新围过来。有一次，白求恩实在忍不住了，扭头走到门口去，众人见他面露愠色，手上、围裙上沾满了血迹，说着听不懂的外国话，手里还挥舞着手术刀，立马吓得一哄而散。

实际上，大家都十分敬重这位外国医生，知道他不远万里来到中国，帮助八路军救治过很多受重伤的战士，还为许多村民治好了病。每次白求恩离开时，当地的村民都会自发组织起来为他送别，东家拼西家凑的鸡蛋和干粮医疗队怎么也不肯收，淳朴的乡亲们只好向白求恩大夫深深鞠上一躬。

尽管如此，白求恩的心情却越来越沉重，沿途遇到的伤员实在太多了，即便他和布朗医生日夜不停歇地清理伤口、敷药、做手术，也只能救治一小部分，仅靠他们两个人根本无法解决所有问题。巨大的忧虑笼罩着他，作为医生，他深知伤病并非不可医治，只是医疗资源严重匮乏。因此，白求恩意识到，除了尽可能多地为伤病员进行治疗外，还必须抓紧时间摸清八路军的医疗状况，尽快拿出一套改善医疗条件和救治伤员的方案来。

　　经过 6 天艰苦行军，医疗队到达了目的地。贺家川是一个只有 50 户人家的小村庄，四周荒凉多山，很难看到大片的绿色。姜齐贤和贺家川后方医院院长王恩厚一起陪同白求恩前往医院，一进村里，到处都破破烂烂的，根本找不到像样的建筑物。眼前的景象让白求恩一下子想起了马海德在延安对他说的话："贺家川的条件比起延安不知道要差多少倍！"

　　"医院在哪里？"白求恩疑惑地问道。

　　"就在这个村里。"王恩厚院长回答，言语中充满了尴尬与无奈，还想说点什么，却欲言又止。

　　布朗与王恩厚院长作了一番交流后，又把意思翻译过来，白求恩这才明白。说是医院，实际上是把伤员分散安置在老乡的窑洞里，全村每家每户都有伤员，这里既没有医术水平高的医生，也没有专业护士，大部分时间都是靠老百姓帮着给伤员翻个身，喂些薄粥。随机走访了几户人家，白求恩发现，伤员受伤后得不到及时的医治和护理，好几个月就这么躺在脏兮兮的土炕上，衣服上爬满了虱子，甚至连床单和毛毯都没有。伤员们普遍存在贫血、营养不良和脱水症状，面临罹患败血症的危险。更令他揪心的是，很多人严重耽误了治疗，等待他们的只有截肢或死亡。

　　姜处长沉重地对忧心忡忡的白求恩说："事实就是如此，贺家川医院的情况可以代表大部分八路军医院的现状。"听完布朗医生的翻译，白求恩点了点头，他心里明白，残酷的战争还在继续，靠八路军自身的努力一时难以改变现状，他得立即写信给美国援华会和加共总书记，向他们描述八路军医院的医疗现状和各种困难，请求物资和人员援助。

在接下来的半个多月时间里，白求恩和布朗医生带领贺家川后方医院的医务人员不分昼夜地为伤员们检查伤势，他们按伤情轻重将伤员划为３个等级，一级伤员为严重感染需要马上手术的人员，因为脓肿严重会加剧骨头的感染；二级伤员为轻度感染人员；三级伤员为未感染人员。白求恩一边检查，一边加紧对重伤员实施手术，连续做了３５台手术，把生命垂危的战士们从死亡线上拉了回来。

在实施手术的过程中，有几位危重病人急需输血治疗。当时的八路军医院里很少有人采用过输血治疗的方法，也没有这个条件，人们缺乏对输血医学知识的了解，对献血有一种莫名的恐惧，连化验血型也难以接受。

但眼下的情况是，病人急需输血，否则就有生命危险。白求恩决定借机向大家证明献血、输血是安全有效的治疗方法。在他的热切呼吁和动员下，有几名胆大的护士同意担当献血志愿者，经过化验，其中一名志愿者与病人血型相符，可当一切工作准备妥当时，那位志愿者一看到输血工具，便吓得面容失色，拔腿就跑了。救人要紧，白求恩来不及再做思想工作了，果断说道："输我的吧！"

他卷起袖子，动作略显夸张，带着示范意图地躺在了伤员旁边，布朗医生看后心领神会，麻利地操作了起来。这次输血采取"臂对臂"的方式，白求恩的鲜血将会被直接输进伤员的血管。整个过程进行得平静而顺利，白求恩表情轻松从容，嘴边始终挂着微笑。在场的同志们被白求恩的举动所感染，也纷纷伸出胳膊表示："输我的，输我的！"

"这次就先输我的吧！我是O型血，万能输血者，你们还要查验血型，等待下次机会吧。"白求恩见自己的"表演"起了效果，高兴地向那几位同志点了点头，并投去赞许的目光。

几分钟后，300毫升的输血结束了，只见白大夫精神抖擞地坐起身来，冲着大家又扭脖子又伸胳膊，嘴里还哼唱着刚学会的中国歌谣，显示自己仍然身体完好，一切正常。

布朗医生也趁机说道："看到了吧，献血是安全的。为了拯救战友的生命，献血是必要的，也是光荣的。"

这次演示取得了良好效果，接下来的几例手术中，一位医生和两名护士主动给伤员献了血。在白求恩他们的模范行动带领下，越来越多的医务人员和战士认识到输血在治疗中的重要性，只要伤员有输血需要，就有人主动要求加入到献血的队伍中来。

经过紧张忙碌，后方医院的危重病人暂时得到较好的医治。贺家川的现状让白求恩清醒地意识到，在医疗资源特别是懂专业的医生和护士奇缺的条件下，手术并不是治疗过程的重点——术后护理更为重要。也正是因为明白这个道理，白求恩尽量选择那些不太需要术后照料的伤员进行手术，这也促使他更加急切地要到前线去——采取合理措施预防更多伤员沦为现在的状况。

创建首座模范医院

完成了第一站的工作任务后，白求恩决定尽快深入到前线部队去。1938年6月16日，经过9天的艰难跋涉，医疗队抵达山西省五台县豆村晋察冀军区第二军分区司令部。街头挂满了标语和红旗，当地部队和人民群众夹道欢迎他们的到来。

白求恩见到了军分区卫生部部长贺云卿，他对贺部长说："边区人民的热情让我很感动，希望你现在就安排我们去检查伤员。"

贺部长对白求恩狂热的工作劲头早有耳闻，笑着回道："你的要求很快就能满足，不过县城距离最近的后方医院还有两天路程，今晚好好休息，明天再出发。"

"也就是说，我们两天之后才能见到伤员？"白求恩有些失望。

"根据安排，明天的目的地是金刚库村，那

里是晋察冀军区司令部，你们可以见到聂荣臻司令员。"

白求恩一听转忧为喜，他早就想见到"五台山的鲁智深"了，那可是毛泽东的爱将啊！

第二天，医疗队在金刚库村头受到了驻地军民的列队欢迎。聂荣臻身着整齐的军装，目光沉稳、精神焕发地站在队伍前面。白求恩一见，心里暗叹道，八路军的将领果然气度不凡。他激动地上前行了个军礼："司令员同志，加美援华医疗队诺尔曼·白求恩向你报到！"

聂荣臻热情地和他握手，连声说："欢迎！欢迎你们的到来呀！"

见到聂司令员，白求恩焦急的情绪很快又显露了出来，他提出希望在晋察冀组建一支流动医疗队，到战斗最激烈的前线去抢救伤员。对此，聂荣臻不置可否，他用征求意见的口吻说道："我们想聘请你担任晋察冀军区的卫生顾问，到军区后方医院工作，如何？"

"我完全同意。什么时候出发？"白求恩说完，立马站起身来。

"先别着急，我还要为你介绍一位新朋友呢！"聂荣臻笑道。

这时，一位中等身材、学生模样的年轻人走了过来。聂司令员向白求恩介绍说："他叫董越千，是北京大学英语专业毕业的，本来在河北省阜平县当县长，但为了便于你展开工作，组织上决定派他来给你当翻译。"

听罢布朗医生的翻译，白求恩满心欢喜，有了专业的翻译，今后再也不用为语言障碍发愁了，他连忙向聂司令员表达了真挚的谢意。也就是从这天起，董越千和白求恩形影不离，在工作中结下了深厚友谊，白求恩时常对身边的同志夸赞董越千，称他为"自己的化身"。

当晚，聂司令员吩咐炊事员杀了一只鸡，餐桌上还摆了三盘素菜，白求恩很久没有吃过如此丰盛的晚餐了。他兴高采烈地向大家展示自己用筷子的进步——能精准地夹起一片青菜叶。布朗医生拍手称赞他已"入乡随俗"。聂司令员也兴致高涨，不时发表几句精彩言论，一顿饭吃得酣畅淋漓。更令白求恩惊喜的是，吃饭的院子里有一个石头砌成的大浴盆，是原先的主人留下的，白求恩终于可以跳进"豪华浴室"里泡个热水澡，好好放松一下了。

随着医疗队工作的深入，白求恩萌生了创建一所模范医院的想法，八路军太需要有一所正规的、标准的、能起到示范作用的医院了。他在脑子里反复勾勒着蓝图，医院落成后将建立一系列规章制度，明确各类医务人员的职责，包括为病人建立档案、每日查房、每周日下午召开例会等诸多细则。这个想法也得到了布朗的支持，他经常和白求恩一起规划、讨论。遗憾的是，布朗的假期就要结束了。7月13日，布朗踏上了返回西安的旅程。就像第一次见面那样，临别前，布朗再次向白求恩许诺，自己先回教会医院看看，然后前往汉口募集资金，等一切准备妥当，他将再次回来，继续与白求恩并肩战斗。只可惜，布朗后来因为繁忙的工作脱不开身，没能兑现承诺。

布朗的离去并没有影响白求恩的工作劲头，他把一系列的设想草拟出来后，便向聂荣臻司令员作了详细汇报。一开始，聂荣臻不太赞成，因为游击战中每个据点都是临时的，战场时常需要转移。如果有这么一所医院存在，那很可能会成为日军进攻的靶子。但白求恩对中国战场还不够熟悉，无法充分理解晋察冀军区的现状，在他的执着与努力下，修建医院的计划最终还是拟定并且付诸实施了。

院址选在松岩口村一个废弃的喇嘛庙中，周围种满了柳树和松树，在白求恩看来，已经足够隐蔽。院子一端计划建造一间手术室，两侧分别是准备室和康复室，院子另一端将搭建一个有顶棚的展台便于教学示范，白求恩还规划了一个设有 36 张床位的病区。施工从 8 月中旬开始，9 月底全部完工。200 多户村民全都参与了修建工作，男人们负责从附近的山上搬运石头，泥瓦匠负责砌墙，木匠忙着制作担架和病床座椅，锡匠赶制钳子镊子，铁匠打造金属夹板，妇女们连夜赶制毛巾和床单，连孩子们也都自发组织起来拔草、清扫庭院。

白求恩每天医治完伤员，顾不上休息就急忙加入到施工的队伍里来，他要亲自体验和见证医院的建设过程，并认真指导每个环节。在大家齐心协力共同努力下，模范医院日臻完善，看到自己的设想即将变为现实，白求恩由衷地欣喜。

在松岩口，最令白求恩难忘是八路军战士和人民群众对他的尊重。每当他为战士治完病，战士们会以各种方式表达谢意，若是遇到普通百姓，朴实的村民总要对着他深深鞠上一躬。有一次，白求恩给一个病危的小男孩做了手术，男孩的父亲竟然跪在地上向他磕头以示感谢。这种淳朴的表达方式给白求恩带来了巨大的震撼，他不断被中国人民真挚的情感鼓舞，激励他必须尽自己所能去做得更多、更好。

白求恩在给昔日病友巴恩韦尔的信中这样写道："我每天都有很多事情要做，的确感到很疲倦，但我觉得我很长时间没有这么开心过了。因为我做着自己喜欢的事情，难道我不应该感到幸福吗？我拥有了宝贵的财富……我的同志们就是我最大的财富，他们把共产主义视作一种生活方式，这种理想质朴而深刻，就像膝跳反射一般成为本能，像肺部呼吸一般悄无声息，像心脏悸动一般自觉发生……"

1938年9月15日，松岩口模范医院举行了盛大的启动仪式，军区司令员聂荣臻、晋察冀边区临时行政委员会主任宋劭文、各军分区卫生部部长以及驻地群众等，共2000多人参加。作为模范医院的创始者，白求恩身着八路军的灰布军装，在台上发表了慷慨激昂的演讲。

仪式过后，附近的伤员陆续转入模范医院，白求恩指导医生们对他们进行规范治疗，其他各项工作也紧张有序地开展了起来，白求恩亲手拟定的规章制度也逐一实施。不久，延安派代表团来医院参观，军区各后方医院也相继派人来观摩手术、学习护理技能。白求恩细心地为他们讲解，介绍医院建设的经验和做法。他欣慰地看到来院参观的同志争相抄录墙上的各项规章制度及工作流程，这是他一直以来最为重视的，作为医务人员必须具备的规范操作和严谨的工作态度。

不久，日军突然调集2个师团和3个独立混成旅团各一部，以步、骑、炮兵共23000多人，配合空军和机械化部队，准备对晋察冀抗日根据地发动秋季大"扫荡"。迫于敌人来势凶猛，军区决定暂时放弃五台山一带根据地，大部队立即转移至河北平山县，这就意味着刚刚落成的模范医院也必须舍弃。

第二天一大早，松岩口附近的村民就带着行李、赶着牲畜，向大山里转移，模范医院的伤员也在战士们的协助下陆续撤离。医院很快冷清下来，白求恩独自站在院子里，不舍地环视着簇新的手术室，刚建起的病房，还有供伤员学习用的救亡室……他留意到院子墙角还有一堆没来得及清理的木屑，便走了过去抓起一把，新木的清香扑面而来。可这全新的一切，眼下不得不放弃了！模范医院自启动至今只运转了18天，想到自己用心血建成的医院很可能成为敌人袭击的目标，白求恩痛苦不堪，他愤怒地喊道："迟早我们是要打回来的，要让日本强盗知道，谁才是这里的主人！"等所有人员安全撤离后，他才在翻译董越千的陪同下，迈着沉重的步子，一步一回头地离开了自己精心打造、如今却空空荡荡的医院。

医疗队向南沿着太行山脉的十八盘路行进，

目的地是河北省平山县的蛟潭庄。刚一到那里，白求恩就听到了他最不愿听到的消息：他们离开不久，日军就"扫荡"了金刚库，捣毁了所有的村庄和房子，松岩口村被夷为平地，模范医院也没能逃过此劫。

历尽千辛万苦建造的医院毁于一旦，白求恩深感自责。他回想起之前聂司令员屡次提醒，自己却不以为然，一意孤行，现在看来，与其说是他对整改八路军医疗现状的决心促成了医院的建成，不如说是大家被他的满腔热忱所感染，才愿意让他放手一试。

备受打击的白求恩从残酷的现实中沉痛反思，从那一刻起，他开始真正理解游击战争的意义，也清醒地意识到，在当下，通过建立模范医院来实施改革的理念并非明智之举。

到前线伤员那儿去

到达蛟潭庄之后，白求恩就迫不及待地前往几个分区后方医院进行医务指导和调查工作。每到一地，他除了为伤病员做手术之外，还根据每所医院的具体情况，量身定制了切实可行的卫生管理方法。在白求恩的指导下，一支支随时可以上前线的战地医疗队组建了起来，许多医务人员接受他的培训之后，工作成效显著。白求恩由衷地感到，这种"流动教育"的方式很适合八路军后方医院"远、小、散"的现状和特点。尽管松岩口模范医院运转的时间不长，但建立起来的规范的管理制度和护理技术，对全区医疗工作的改进起到了较好的示范作用。

1938 年 11 月初，深秋的雁北分外寒冷，白求恩在平山县常峪村指导完工作，即刻动身前往山西北部的后方医院。在路上，董越千自豪地对他说："沿着山路往东北方向走，就是我曾工作过的阜平县，那里的大枣香甜可口，很有名气，有机会您一定要去尝尝。"

"会尝到的，那一天将是战争取得最终胜利的一天。"白求恩一边大步赶路一边说道。

在下关村的后方医院，白求恩得知近来战事频繁，大部分伤员已转移至河浙村和曲回寺村，便决定连夜动身，前去参与救治。一到那里，白求恩就对一些危重伤员进行手术治疗，连续忙了几天，才将大部分重伤员的伤情处置完毕。这时，驻扎在大同市灵丘县石矾村的 359 旅旅长王震派来通讯员，说是他们那里有几位重伤员急需救治，希望白求恩大夫能尽快去一趟。

白求恩一听说有重伤员，立即和董越千一起带着医疗组连夜出发，凌晨前就赶到了石矾村。他顾不得沿途疲劳和一夜的奔波，直接要求去卫生队看伤员。在一间简陋的民房里，白求恩看到一位二十五六岁的老兵痛苦地躺在炕上，陪同的同志告诉他，这就是 359 旅司令部作战参谋左齐。左齐参谋在前线指挥作战负伤，救护下来已经 3

天了。

当白求恩小心翼翼地揭开左齐右臂上紧紧缠着的绷带时，不禁惊叫起来，左齐的胳膊因坏疽已经肿胀发黑，这是止血带使用不当导致血液无法流通造成的！经过进一步检查，白求恩说，目前挽救左参谋生命的唯一办法只有截肢。紧接着，白求恩又检查了另外几名伤员，也都存在类似问题。

"叫带队的同志过来！"白求恩冲董越千大喊。这时，带队的同志和一名卫生员站了出来。白求恩严厉地质问道："撤离火线已经三天三夜，从第一次上药之后，绷带就没有再换过，这是为什么？"

董越千快速地翻译着，屋子里的气氛越发凝重。

带队的同志回答说："从涞源到这里，沿途没有救护站，我们也无能为力。"

"这是理由吗？"白求恩越说越生气，咆哮道："难道你们的任务就只是把他们抬下来，就像抬一件行李？别忘了，你们是医务人员！"

"马上准备，立刻施行截肢手术！"

手术室里挂着一盏汽灯，七八个医护人员围在旁边认真观摩。两个小时后，左齐参谋的手术顺利完成，白求恩又让护士再抬一位伤员上来。这是一名20岁左右的年轻战士，只见他脸色苍白，左小腿上满是脓血，伤口散发出浓烈的恶臭，一块犬牙状的长骨露在外面，腿斜着向内翻。

"这又是谁干的？"白求恩厉声问道，嘴角因情绪激动而剧烈抽搐着。

空气里只有汽灯嗡嗡作响，白求恩又问了一遍，还是没有人回答。恼怒中的白求恩突然意识到了什么。是的，物资严重匮乏，医护人员又普遍缺乏专业培训，大量受伤的战士无法得到及时救治的现状，不应该归咎于某个人，要从根本上解决问题，这也绝不是靠斥责就能实现的。

白求恩强压住愤怒，语气稍稍缓和下来，却明显带着悲伤和痛楚："亲爱的同志们，这种情形应该上夹板。你们知道吗？因为没有及时上夹板，他必须得截肢啊！"

白求恩红着眼圈俯下身子，轻轻安抚伤员，无比惋惜地对他说："我的孩子，你的左腿要锯掉，因为只有这样才能保住你的生命。"

听完董越千的翻译，年轻的战士顿时泪如泉涌，他拉住白求恩的手，欲言又止，随即痛苦地闭上了眼睛。

已被白求恩培养成麻醉师的董越千开始为伤员上麻药，白求恩利用这段时间，给医务人员讲起了离断术的历史知识："最初的时候，止血是用烙铁。在16世纪，一切创伤都是用烙铁烧灼，或注射沸油做正当治疗……"

手术开始了，屋子里异常安静，只有锯骨的声音吱吱作响……两个小时后，白求恩握着离体的下肢，用钳子夹起一条肌肉，郑重地对大家说道："从生理学的角度看，它还活着，这可是生命啊！我们必须珍视生命，敬重生命。"

重伤员的手术全部做完后，一直默默站在一旁的王震走过来紧紧握着白求恩大夫的手，向他表示感谢。

当得知是王震旅长时，白求恩虽然疲惫不堪，但还是激动地说："久闻大名，王震旅长。聂司令员告诉我，你是一位英勇善战的将军！359旅的战斗力无可挑剔！"接着话锋一转，"但是，你们对伤员的处置却非常糟糕！"

王震对白求恩的直率性格和严厉作风早有耳闻，因此对于这样的批评他并不意外，反而恳切地回应："白大夫，您说得对！我诚心接受批评，我们的卫生工作太需要您的指导和帮助了！"

白求恩听罢点点头，不留情面地指出了伤员处置不当的恶果。交谈中，他尽量放缓语速，希望董越千可以把自己总结的重要观点一字不漏地翻译给王震旅长听。

"确保伤员能在转送途中及时换药，许多手术都可以避免。当然，更行之有效的办法是，如果能派一支流动的手术小分队跟在战场后边，那么大部分伤员都不会错过最佳的救治时间了。战场救护争分夺秒，医生们绝不应该等在后方，而是要上前线，到伤员那里去。"

"您说得太对了，医生们应该靠近战场，到有伤员的地方去。"王震旅长听后大为赞同，他停下来想了想，试探性地问道："白求恩大夫，我们最近可能会打一场大的伏击战，您可以和我们一起行动吗？"

"王旅长，当然可以。这是我们医生的职责呀！"白求恩爽快地答应了，他一直主张医生应该上前线去，这将是他来中国后首次贴近战场，终于可以实现他的愿望——到最前线去救治伤员了。

王震告诉他，日寇企图实施冬季大"扫荡"，目前正在广灵到丘灵的公路上频繁运输物资，359旅准备在公路两侧的山丘里设伏，伺机歼敌。按照部署，由白求恩、军区卫生部副部长游胜华、军区卫生部医务助理王道建3位医生以及其他医务人员组成的手术小分队，安置在灵丘县黑寺村南边的一座柏树环绕的喇嘛庙里，距离战斗地点不到6公里。

11月29日，战斗打响。第一位伤员很快就被送到了喇嘛庙，途中只用了1个多小时，白求恩甚感欣慰，立刻进行检查和手术。手术还没做完，担架队又送来了好几位重伤员。天色逐渐暗淡下来，喇嘛庙里只有两盏马灯和一把手电筒作照明，游副部长和王道建医生担任助手轮番上阵，主刀的白求恩一刻也不休息，连续救治几位伤员后，实在是累得头晕眼花了，他朝勤务员喊道："小鬼，去拎一桶冰水来！"

勤务员何自新虽不明就里，却也不敢马虎，赶紧打来一大桶冰凉的井水送到白求恩面前，只见他有气无力地摘下手套，一头扎进水桶中，过了好一会儿才抬起头。小何拿过毛巾，帮他擦干头上的水珠，白求恩精神焕发地拍了拍他的肩，又重新回到了手术台。小何明白了，白大夫这是在用冷得彻骨的冰水强迫自己保持清醒啊！

战斗仍在进行，一台接一台的手术持续了一天一夜，看来，原计划的伏击战在短时间内难以结束了。翌日清晨，日军的飞机再次发动袭击，炸弹落在了喇嘛庙附近，白求恩不为所动，仍然坚持工作，手中的操作也毫不慌乱，幸好空袭短暂，并没有造成人员伤亡。

第二天下午，正在晋察冀抗日根据地开展医疗支援的延安医疗队队长江一真带着两名医生前来增援。当他们走进喇嘛庙，手术台旁的白求恩已经极度疲惫，几乎站不住了。"援军"的到来令众人振奋起来，白求恩热情地拥抱了江一真，用西方的方式表达了惊喜。延安一别，两人再见面俨然是一对老朋友了。白求恩与江一真做完工作交接，又向大家强调了几点注意事项，这才同意换下来休息一会儿。

自战斗打响之后的 40 个小时内，手术小分队一共为 71 名伤员做了手术，更令人欣喜的是，3 天后，当这批伤员被转运至 60 多公里外的曲回寺村时，竟有 1/3 的人没受到感染。白求恩兴奋地说："如果中途有条件换一次药的话，不被感染的人数还能翻一番。"

黑寺村的战场救护行动大大超过了西班牙战场的救治效果，也超过了白求恩在延安向毛泽东承诺的 75% 救治率，从任何一个角度看，这次表现都无与伦比。白求恩在给聂荣臻司令员的报告中写道："这次实践得到一条重要启示——只有让医生接近战场，才能大大降低伤亡率。"为此，他进一步总结："应在尽量靠近前线的地方设立手术小组，可以挽救更多的生命；在担架送往后方医院的途中，必须进行检查和换药处理，以降低感染率；术后的及时护理，将极大增加康复概率。

完成好这些工作，可以让更多的战士重返战场。"

特种外科实习周

1938年12月7日，白求恩在杨家庄给聂荣臻写信："我建议各团的医生到后方医院接受一周的强化训练，趁现在暂时没有战斗，应抓紧时间进行。"

"特种外科实习周"，这是白求恩根据半年来的工作经验总结出的想法。因为战伤的特殊性，战地手术与普通的外科手术区别很大，属于特种外科，要想提高救治率，就必须对医生们进行相关的强化训练。为此，白求恩专门给杨家庄后方医院取了一个别名"特种外科医院"，他希望这所医院能充分发挥针对特定战伤，尤其是外科创伤进行诊断治疗的优势。

聂司令员批准了他的建议，指派叶青山部长主抓这项工作，各军分区卫生部很快就收到了通知。正当学员们翻山越岭赶往杨家庄的时候，白求恩的扁桃腺发炎了，一只耳朵也出现了听力障碍，他却顾不得休养，每天坐在炭火盆旁编写讲义，悉心准备教材。

雁北隆冬，凛冽的北风裹着沙土在山谷间呼啸。23 名学员陆续报到，他们年龄不同，职务不同，任务也不同。虽然有一定的医疗工作经验，但大都没接受过正规的医学专科教育，甚至有的在参军之前是一字不识的庄稼汉。所有人都既兴奋又期待，因为他们即将接受白求恩大夫的亲自指导。在报到的学员中，白求恩一眼认出了359旅那个带队的潘世征。

"你怎么来了？"白求恩冷冷地问道。还没等对方回答，他就毫不客气地说："请你回去告诉旅长同志，我认为派你来实习周是错误的，我不能接收你这样的学生。"

白求恩记得清清楚楚，一个月前，救治359旅参谋左齐的时候，就是这个自称带队干部的家伙把对伤口的不当处理归咎于沿途没有救助站。白求恩认为，这种推卸责任、不懂装懂的人并不适合从医。

1939 年 1 月 3 日，白求恩扁桃腺炎尚未消退，仍坚持按原定计划举行了实习周的开幕式，他用沙哑的声音发表了激励人心的演讲，最后鼓励道："在实习周学习，是先生指引学生，但将来，学生一定会比先生更高明。这是事物发展的客观规律。"

白求恩规定，在这 7 天时间里，每个学员无论职务高低都要轮流担任卫生员、护士乃至责任医生。他告诉大家，从换药、做手术到给病人洗脸、擦拭身体，医护工作中每个项目都有规范的操作和标准，只有全面掌握了所有技术，才能有效地实施救治，进而正确地指导别人，及时发现问题并纠正。

实习周的第一天，全体学员参加集体授课，题目是"消毒防腐在外科上的价值"。白求恩认为这是战地救治的核心和关键，他列举了 40 多种外科药物，一口气讲了 3 个半小时。第二天，开始施行"职务实习"。一个年轻的护士被分配为"医生"，两个军分区的卫生部长反倒成了"护

士"，年轻"医生"带着两位实际职务比他高得多的"护士"走进病房，不免有些尴尬和难为情，白求恩微笑着冲他点点头，鼓励他抛开顾虑，大胆带"兵"。

这一天，潘世征当值班"护士"，他一会儿给伤员打针服药，一会儿打扫卫生，伤员们怎么也想不到，这个勤快又热情的"护士"竟是第359旅卫生部政委兼医务处主任。白求恩带着医生组检查4号病房，看到整洁舒适的环境，听着伤员们的一致称赞，他非常满意。就在这时，潘世征正提着便盆走了进来。白求恩脸上闪过几分不悦的神情。叶青山部长连忙解释道："是我要他留下来试试的。"

白求恩点了点头，向潘世征问道："4号病房是你负责吗？"

"是我。"潘世征诚恳地回答。

下午，白求恩又特意去了一趟4号病房。潘世征正在帮助一名伤员进行复健练习，伤员拖着僵硬的腿，大半个身体都伏在"潘护士"肩头，一步一停艰难地往前挪。"潘护士"一边吃力地搀扶着伤员，一边强调动作要领，还不时地给予鼓励。虽是寒冬时节，两人头上都直冒热气，可见练习得相当投入。看到此情此景，白求恩不由得露出了笑容。更令他意外的是，当晚讲解颅脑手术，他把一张局部解剖图挂在黑板上，要求大家临摹下来，潘世征不仅清晰准确地画出了复杂的标图，还把白求恩讲过的所有内容都详细地做了笔记。白求恩吃惊地望着潘世征，感觉他与印象中的样子判若两人。

接下来的几天，学员们继续轮换"职务"，还听了好几场专业讲座，观摩了白求恩大夫施行"腐骨摘除术""赫尔尼亚手术""肉瘤割除术"等。所有人都收获满满，尤其是当他们知道白求恩大夫每天加班到深夜，将所有实习内容都打印成册，好让他们带回去继续深入学习时，更是对这位加拿大友人肃然起敬。白求恩传授给大家的，不仅是高明的医术，还有对工作极端热忱、极端负责的精神。

最后一次手术实习课上，手术台上躺着一位兵工厂的伤员，他在试验时不慎将手部炸伤了。

白求恩讲解完手术要领后，环视了一下四周，突然宣布由潘世征来主刀，自己当助手。这个决定令在场所有人都甚感意外，学员们一齐看向潘世征，既对这位同学充满期待，又带着几分怀疑。潘世征做了个深呼吸，快速平复了心绪。他按照白求恩讲解的术前消毒要领完成消毒后，伸手接过白求恩递来的手术刀，在几十双眼睛的注视下，开始手术。潘医生的操作规范，技术娴熟，要不是亲眼所见，没人相信这布满老茧的双手竟然能如此灵巧。整台手术行云流水，几乎挑不出什么毛病。

至此，白求恩终于有了结论，眼前的潘世征的确是一位关爱伤病员并且医术精湛的好医生，可那晚怎么会说出那样推卸责任的话来？董越千看出了他的疑惑，叶青山部长也曾提醒他要找个机会让白大夫消除误解，便将事情的原委说了出来。

"左齐参谋的伤并不是潘政委负责处理的，那天你们见面时，潘政委也刚从旅部赶来。"

"那他为什么不解释？如果讲清楚，我就不会对他那么严厉了。"

"他认为您的批评并不是针对他一个人，而是整个 359 旅的医疗工作，他作为卫生部政委，又是医务处主任，自然应该承担责任。"董越千跟着白求恩走回了住所，继续说道："知道王震旅长为什么陪您手术到深夜吗？就是想多听听您的意见，借您的批评对全旅的卫生工作进行一次整顿。那次事情之后，潘政委认真追查了伤病员的转送工作，提出了严格要求，还找到王震旅长作了深刻的检讨。"

白求恩听完既感动又后悔，后悔自己误解了对方，还那么粗暴无礼，恶语相向。潘世征是一位好医生，并且怀有如此的隐忍和气量，值得佩服。为此，白求恩在写给王震旅长的信中，专门提到了这场误会："过去，我对八路军官兵了解得太少了，对潘这样的好医生了解得更不够，这件事教育了我，也使我相信，在八路军面前，没有战胜不了的困难，没有打不垮的敌人。"

实习周圆满结束了，学员们纷纷感叹此行收获颇丰，白求恩大夫传授的医学知识填补了理论基础薄弱的空白，而那些针对战伤救护的操作示范，实用性极强，对救治工作有着实实在在的效果。大家一齐向白求恩道谢，并且表示一定要把这些知识和技能带回去，教给更多的医生护士。

白求恩殷切地对学员们说："我期待你们早日胜任医务工作。"

送走了这批学员，白求恩满怀希望地想，过不了多久，特种外科实习周的成效就能显露出来。

巧购医疗物资

在晋察冀抗日根据地工作的许多个不眠之夜，白求恩一直忧心于边区医药用品匮乏的问题。抵华之后的 10 个月里，他给美国援华会写了无数封信，然而发出的请求犹如旷野中的呼喊，收不到任何回音。他也多次向加共、美共求助，却受困于种种匪夷所思的阻碍和险境。由此，白求恩意识到自力更生的重要性，凡是能替代西药的中药，经他验证效果后都投入使用。与此同时，他也不断开发出各种能够替代医疗设备的器材，但仍然远远不够。

1938年12月底，白求恩率医疗队前往河北曲阳县牛庄医院检查工作，董越千告诉他，附近的宋家庄有一位名叫凯瑟琳·霍尔的新西兰传教士，她开了一家诊所，一直在无私地帮助当地穷人。

"我已经很长时间没有见到过说母语的人了，真希望可以交流一下。"白求恩听闻后略显惆怅地说。自从来到晋察冀边区，白求恩感觉自己又聋又哑，几乎找不到可以用母语倾谈的人。

细心的董越千把此事记在了心里。过了几天，在八路军战士的带领下，董越千陪同白求恩来到一个高墙环绕的院落，门房通报后，凯瑟琳·霍尔亲自出来迎接了客人。通过交流，白求恩发现面前这位女士不仅身材挺拔、气度不凡，言谈举止间更是散发出善良与真诚，虽然他们各自的信仰不同，但在热心帮助中国人民的事业上却有着惊人的共识。

早在 1922 年，25 岁的霍尔就来到了中国，她目睹了贫穷与疾病困扰下的苦难农民，便决定到农村开办诊所，免费为穷人看病。霍尔家境优越，受过良好的教育，生活上却异常简朴，几乎把所有的钱都用来治病救人了。最让白求恩敬佩的是，1937 年"七七事变"后，霍尔曾不顾危险赶往卢沟桥战场，极力搜救战争幸存者。霍尔告诉白求恩，自己会定期乘火车去北平为诊所和几所圣公会教堂医院采购药品，因为持有英国护照，她的行动相对自由。

白求恩意识到霍尔是一个值得信赖的人，便主动邀请她去八路军的后方医院参观。当她看到许多伤员因缺少药物而耽误治疗落下残疾时，忍不住流下了眼泪。

霍尔回到诊所，对医生吕中玉说："除了必需的，你把咱们的手术器械和外用药品都给白求恩送过去吧。"

"那咱们用什么？"吕中玉不解地问。

"下次去北平再买。"霍尔平静地说着，脑海里仍在回想那些痛苦中的病人。

当天下午，吕医生扛着一张折叠行军床回来了，说："这是白求恩大夫给你的，他说你的房间太潮湿，它可以随时移动，也便于晾晒进行紫外线消毒。"霍尔感动不已，默默收下了这份礼物。

两天后的深夜，霍尔诊所的门房急匆匆地找到白求恩，请他赶紧去一趟安国县。原来，一位游击队员在埋设地雷训练时不小心炸伤了腹部，被抬到安国县的教堂医院，伤势危急伤情复杂，教堂医生束手无策，霍尔赶到后也发现手术难度极大，不敢轻举妄动。一筹莫展间她突然想到了白求恩。

策马前去的白求恩仔细查看伤情后，干脆利索地完成了手术，霍尔看在眼里，钦佩之情油然而生。为了表示感谢，霍尔邀请白求恩共进早餐。

"只是几块小点心和一杯加了羊奶的咖啡。"霍尔抱歉地笑了笑，她觉得这样的招待实在有些寒酸。殊不知，对于天天喝小米粥吃玉米饼子的白求恩来说，已经是久违的盛宴了。饭后，霍尔又递上了一杯红酒。

"十分感谢霍尔小姐的款待。"白求恩眯缝着眼睛惬意地抿了一口，却舍不得再浪费时间去享受美酒，随即将谈话引入了正题，"您已知道我的工作范围和药品匮乏的难处，能不能帮我从北平购买一些药物？"

"我是基督徒，一个和平主义者。"霍尔听罢面露难色，却又格外欣赏白求恩的直接与坦率。她诚恳地解释道："诺里斯主教要求圣公会所有成员都不能介入战争中的任何一方，否则将会被开除。"

"不，不是这样的。"白求恩摇摇头，长叹了一口气，站起来走到窗口，向霍尔聊起了自己在西班牙战场以及来到中国之后的种种见闻："我也不想介入战争，我和你一样，都是为了救助那些无依无靠的伤病员。当西班牙人民和中国人民反抗侵略者的时候，我们能说，请放下武器，任由法西斯宰割吗？虽然我的伤员是八路军战士，但就在几个月前，他们还都是庄稼汉，要不是因为日军入侵，他们根本不会拿起枪。"

听完白求恩激情澎湃的讲述，霍尔显然被打动了，她礼貌地将来客送到门口，表示自己需要认真考虑一下。回去的路上，白求恩深信自己的演讲已经"征服"了霍尔。

"敢打赌吗？"董越千跟他开起了玩笑。

"看着吧，她很快就会帮助我们的。"白求恩笃定地说。

果然，第二天上午，霍尔来到牛庄医院，找到白求恩表明了自己的决定。白求恩大喜过望，向来都是行动派的他立马拿出纸笔开始列出药品清单。

"霍尔小姐，您这样帮助我们会有危险吗？"交谈间，专注于药物品类和数量的白求恩，突然意识到这样很有可能给对方带来麻烦。

"应该没问题，我会一如往常，穿上正规的传教士服装，带上英国护照和日军颁发的通行证。"霍尔从容地回答道，她端坐在桌旁，目光沉静。

敲定了采购事宜后，白求恩又神秘兮兮地表示，他还有一个特别要求。他把董越千拉到霍尔女士面前，指着董的额头问："知道他为什么跌伤了吗？"霍尔自然是迷惑不解，她定睛一瞧，小董的额头确实肿起了一大块，上面还有一道显眼的伤口。董越千的脸一下子红了，不好意思地一个劲儿摆手，示意白大夫别说了。白求恩却俏皮地闪到旁边，边比画边用夸张的语调说道："董梦到妻子和孩子来看他啦，正要伸手拥抱呢，不料却跌到了炕下，额头就这样撞出一个大包。"

霍尔听罢忍俊不禁，白求恩这时反倒严肃起来，他郑重发出请求："董的家人在北平，分别 1 年多了，拜托霍尔小姐帮个忙，让他们一家得以团聚吧。"

霍尔爽快地答应了，详细询问了董越千的家庭地址，还建议他写个便条向妻子说明情况。"我会把它放在面霜瓶底部，这样就能躲过日军的搜查了。"霍尔略带俏皮地笑着说。

1939 年 2 月下旬，霍尔如约把小董的妻子和两个女儿带回了宋家庄。小董激动万分，他终于见到了日思夜想的家人，当然，还有白求恩日思夜想的一大批医疗物资。

"霍尔小姐，您解决了医疗队的燃眉之急，您简直是一位天使！"白求恩乐开了花，"知道吗？我仅剩一把手术刀和六支动脉钳了，另外，氯仿也只有两磅半了，用完它们之后，伤员们就没有麻醉剂了。"

白求恩热情援助中国抗日的忘我精神深深感染了霍尔，她也渐渐了解了白求恩工作的意义，将其视为神圣而高尚之举。霍尔真诚地向白求恩表示："我很乐意分担你工作的一部分。"他们从此成了志同道合的朋友。

在之后大半年的时间里，霍尔冒着生命危险，频繁出入北平 30 多次，帮助白求恩为八路军购买了大量医疗设备和物资，还经常动员教会医院的医生加入白求恩的医疗队。先后有 40 多名医护人员经她介绍奔赴晋察冀军区后方医院，为八路军的医疗事业乃至中国人民的抗日战争作出了重要贡献。

04 战斗在冀中平原

最老的前线战士

1939 年 2 月 15 日，白求恩率医疗队顶着茫茫大雪离开了唐县花塔村，同行人员除了董越千和何自新之外，还有军区卫生部副部长游胜华、晋察冀军区后方医院院长林金亮以及刘文芳、赵冲、冯志华等 17 位医务人员。为了保障第 120 师和冀中部队作战，他们要穿越敌占区，前往平汉铁路以东的地区展开工作。这就是聂荣臻司令员提出的"医疗东征"。

在山间最后那条羊肠小道上，过了将近一年山区生活的白求恩牵着马，兴奋地看到山下银雾弥漫，平缓广袤的大地隐匿其中。善解人意的董越千顿了顿，转过头对身后的白求恩说道："走到这里，山区就到尽头了。欢迎您来到冀中平原。"

夜幕降临，队伍沿着唐河徐徐行进，离平汉铁路越来越接近，也就意味着离日军越来越近。出于安全考虑，执行护送任务的游击队要求大家换下军装，马蹄也要用布裹起来，为了防止马匹嘶鸣，还在马嘴上挂了料袋。途经村庄时，所有人必须停止交谈，列成单人纵队通过。

令白求恩感到奇怪的是，每个村子里都如同死一般沉寂，连狗叫声也没有。后来才知道，战事严峻，农户们提前收到通知将狗转移到了村外，以免犬吠暴露部队行踪。两条铁轨在月色下闪着寒光，前方就是平汉铁路了，队伍里气氛骤然紧张起来。

"隐蔽！"侦察兵突然传来命令。

医疗队迅速转移到路旁的杨树林里，白求恩翻身下马，蹲在地上，手中紧紧抓着缰绳，一切仿佛都停滞下来。没过几分钟，一道强光刺进黑夜，大地陡然震动，日军的装甲巡逻车来了。探照灯不停地在四周扫来扫去，光柱停留在树林上方时，所有人都屏住了呼吸。这样的险境，白求恩和他的医疗队数不清经历过多少次，大家似乎已经习以为常。然而，接下来要面临的情形更加危险，医疗队即将前往的定县正是日军设置封锁沟的所在地，随时都有可能遭遇袭击，因此，只能昼伏夜出。

白天在老乡家隐蔽休息时，白求恩听说第三军分区有一位团长在长征时受过伤，因为脑部弹片至今没有取出，长期深受头痛折磨，便决定要为他手术。游副部长犯了难，按计划，当晚要穿越平汉铁路，手术器械和药材都没有卸鞍，要是现在手术就得闹出一番动静，遇到敌情怎么办？

"早一点手术就能早一点减轻他的痛苦，这个险值得冒。"白求恩神情坚定，又转身对团长安慰道："请放心，我们一定能把你的病治好。"

与白求恩共事已久，游胜华心里明白，这位固执的加拿大医生是个工作狂，一向舍不得浪费时间，无论何时何地遇到伤员他都无法坐视不管，也就不再劝说，赶紧加入到术前准备工作中。

头部取弹片是难度极高的手术，整整一个上

午，白求恩全神贯注地施行着各种复杂又精细的操作，不时向身边的助手发出简短指令，屋外的游击队员高度戒备，密切注视着村里村外的状况，作好随时战斗或撤离的准备。

当夜幕低垂，手术终于顺利完成，彻底解除了团长头痛的困扰。所有人都松了一口气，旋即又马不停蹄地忙活起来，清理手术现场，把医疗器械重新打包装上马鞍。队伍出发时，白求恩抬头望着满天星斗，露出了欣慰的笑容："这是我们来到冀中的第一例手术，取弹片、祛头痛——多有意义啊！"

初春时节，冀中平原残雪未消，大地一片洁白。日军为了割断我山区根据地和平原的联系，以铁路为屏障，建立了一道森严的封锁线，他们沿铁路两侧各挖了一道约5米深的壕沟，沟旁还设立了稠密的岗哨，即便到了夜半时分，盘查的喊声和巡更的梆子声还不时响起。可敌人哪里知道，那纵横密布的封锁沟，恰好为灵巧聪慧的八路军战士提供了通道。医疗队成员在坎坷不平的封锁沟里穿行，他们有条不紊，紧握缰绳，每走

300米就停下来，静候前方侦察兵的下一道指令。

就在这个时候，浓浓困意向白求恩袭来，白天的手术消耗了他大量的精神和体力，眼下实在有些撑不住了。为了提神，白求恩用衣袖遮着抽了几口烟。很快，后面传来严厉的喝令："不许吸烟！"白求恩立即掐灭烟头。不一会儿，日军的装甲巡逻车就轰隆隆地开过来了。

"战场上不能抽烟，我今天违反了纪律，应当接受批评。请小何监督我，以后我要尽量改掉吸烟的习惯。"待险情解除之后，白求恩郑重说道，然后颓唐地低下头，像个犯错的小孩。

何自新心疼地看着白大夫，不禁流出了眼泪。白大夫日夜操劳，只有抽烟时才能得到片刻的放松和休息，可眼下，他还得为抽烟的事情向大伙儿检讨。跟在白大夫身边快一年了，每天的朝夕相处令他感触最深的就是白大夫的辛苦。有时，何自新会无限感慨地想，这位蓝眼睛的外国医生为了援助咱们的抗日战争，作出了多么大的牺牲啊！人人都渴望有一个温暖的家，白大夫却宁愿离开家人来到这么远这么艰苦的地方，他放弃了许多熟悉的东西，这里没有精巧的西洋玩意儿，也没有吃喝玩乐的悠闲生活，经常是皱着眉头硬吞那些不合口味的食物，每天除了工作就是工作……

有一次，白求恩从中午忙到晚上还不肯下手术台，一碗粥热了又凉，凉了又热，等到他终于把手术做完，已是深夜了。小何又气又急地喊道："白大夫，您知道自己瘦成什么样了吗？再不吃不睡，身体会垮掉的！"

"有那么严重吗？"白求恩不以为然地说道。

"您没听老乡们都管您叫白爷爷吗？说您看起来有70多岁了。"

白求恩听罢走到了镜子前面。是的，他不得不承认，镜子里映出的是一张老人脸，一张经历了无数风吹日晒变得枯槁不堪的脸，一张布满了操劳、疲累，还有深深忧虑的脸。白求恩盯着镜中人，试图回忆起自己过去的样子，却发现那已经是个极其模糊抽象的存在了，只是白发似乎没有这么多，双眼也不像这般无神，还有一条条陌生的皱纹，脸颊深凹……那些肌肉呢？

他还记得自己身上的这套军装，是贺家川后方医院用他们自己生产的土布专门为他缝制的。当时他高兴得合不拢嘴，穿上之后对着镜子来回端详，用刚学会的中国话连声夸赞："很好！很好！"那个时候，自己的腰板还挺得很直，还精神十足地宣布自己也是八路军战士——只不过，是最老的一名。

说他是前线最老的战士，此话倒不假，战斗在晋察冀边区的绝大多数是20岁左右的年轻人，而白求恩已年近50岁了。在何自新的印象中，白求恩大夫一直对自己强健的体魄信心十足并且引以为傲，仿佛打不垮摧不毁，因此他在生活上始终坚守着简朴作风，不肯为自己增加营养。他婉拒了毛主席指示的每月100元的津贴，也谢绝了聂荣臻司令员为他聘请一位西餐厨师的好意，只吃普通战士的配给，一日三餐就是萝卜白菜、小米粥和玉米饼。

由于长期缺乏营养，睡眠严重不足，白求恩的抵抗力变得特别差。有一次扁桃腺发炎，拖了快两个月了才好。因为物资短缺，手术时经常不戴橡胶手套，他的手指也总是反复感染。但他仍然不眠不休，连续工作 40 多个小时。为此，聂荣臻司令员曾严厉命令他："休息是铁任务！现在，你去房间里休息 6 个小时，没有我的允许，你不准离开！"

"考虑到目前的医疗现状，我不能服从您的命令！"

作为医生，白求恩比谁都更清楚拒绝改善饮食和透支体力的后果，可这位前线最老的战士，怀着对中国人民的深切感情和对医疗事业的无比热忱，宁愿耗尽自己的生命，也始终不肯放弃对任何一名伤员的救治。

战地救护创奇迹

1939 年 2 月底，东征医疗队抵达八路军第 3 纵队兼冀中军区司令部，吕正操司令员对他们的到来表示热烈欢迎，杀了两只鸡，做了四道菜，这在当时算得上最隆重的款待了。白求恩早就听说过吕司令员梅花镇重创日军的传奇故事，两个人相见恨晚，谈兴甚浓。

在冀中平原，战斗的频繁程度和激烈程度都是白求恩未曾料到的。东征医疗队进入冀中地区不久，白求恩就惊讶地发现，八路军几乎完全处在日军包围中，任何一个方向离敌都不超过 24 公里，医疗队昼夜奔忙各地，除了赶路就是做手术。

在通宵达旦的工作中，白求恩迎来了自己 49 岁的生日。

那个晚上，白求恩为 19 名伤员做了手术，直到翌日清晨才上床休息。几天后，白求恩又在滹沱河渡口附近的吕汉村参加了一场战斗，把他医疗队手术室设立在距离战场不到 5 公里的地方，冒着炮火坚持了 5 天 5 夜，为 60 多名伤员实施了手术。没过多久，大团丁村的战斗打响，白求恩率东征医疗队再次奔赴前线。这一次，手术室直接处于日军炮火轰炸之下，在白求恩的影响和带动下，大家早已习惯了伴着炮鸣弹啸工作，只要炸弹不在眼前爆炸，就能继续保持镇定，有条不紊地进行操作。

战事不断，贺龙和吕正操的部队神出鬼没、声东击西，接连打了好几个大胜仗，河间日军乱作一团，急电华北方面军司令官多田骏，要求支援。

4月中下旬，多田骏从沧州调来"王牌军"第27师团吉田大队800余人，与河间周边3000多日伪军会合，企图与贺龙率领的八路军120师决一死战。一场大规模恶战已在所难免。

白求恩前去师部找贺龙研究救护所的选址，他对着地图听完了战斗部署，提议把救护所设置在离前线只有3公里的温家屯。贺龙知道拗不过他，只能叮嘱卫生部曾育生部长务必做好警卫工作。

"你说得对，离火线越近，抢救效果越好。"贺龙拍拍白求恩的肩膀，语重心长地对他说："但你必须注意安全，有你在火线后面，战士们才能放胆杀敌。"

在白求恩的坚持下，救护站最终设在了村南的关帝庙，庙殿十几平方米，非常适合做手术室，旁边还有几间小屋子，可以安置待手术的伤员。问题是关帝庙四周视野开阔，毫无遮蔽可言，实在太过暴露，医疗队的同志提醒白求恩："贺龙将军专门强调过安全问题。我们这里距离前线只有几公里，这意味着敌人随时可能打过来，所以无所谓隐蔽。"

白求恩认真解释道："手术室设在担架员一眼就能看到的地方，伤员的转送速度就能更快，虽然我们要冒点险，但这样做是有必要的。"

4月23日凌晨，著名的齐会战斗打响了。一个小时后，第一位伤员就被送至救护站，白求恩立刻率2名医生、4名护士投入到紧张的工作中。在敌军的炮火轰炸和投放毒瓦斯的轮番攻势下，白求恩始终坚守在手术台旁，一犯困就把头扎进冷水里。每次准备冷水时，小何都纠结万分，自从在黑寺村的喇嘛庙用过这个提神妙招后，白大夫就更不肯休息了，一次次借助冷的刺激强迫自己恢复清醒，这样下去，身体迟早会垮掉的。想到这里，小何无可奈何地叹了口气，可他又不敢违抗命令，因为伤员实在是太多了。

第二天中午，一位深度昏迷的伤员被抬进了手术室，白求恩剪开他的衣服，只见腹部敞开一条十几公分的伤口，沾满泥土的肠子裸露在外。在用盐水冲洗的过程中，他发现这段肠子竟有10处穿孔！手术完成后，卫生员眼中噙着热泪告诉白求恩，这位伤员是第716团1营3连连长徐志杰，因为打仗英勇，大家都叫他"徐老虎"。几个小时前，为夺取村南大桥，徐连长率突击队冲锋时不幸被机枪子弹击中腹部，他负伤继续战斗，与敌人展开了激烈的白刃格斗，直到完全消灭了守桥日军才肯后撤。

"多么勇敢的'老虎'，一定要救活他！"白求恩听后激动地对医护人员说："简直不可想象，10处穿孔，严重的腹腔浸液，他竟然坚持了3个多小时，为这样的八路军英雄服务，是我们的光荣啊！"

又是一夜，战斗没有终止，手术还在继续。伤员不断被抬进庙中，手术后又一个个抬出去。夜半时分，一颗炮弹落到了庙墙附近，炮火轰隆，大地也随之震动，灼热的气流冲破窗纸，煤油灯倏地熄灭了。白求恩在黑暗中喊道："大家都没事吧？保持镇定！"很快，煤油灯被再次点亮，手术继续。

黎明时分，又一颗炮弹落在了庙前的空地上，弹片纷飞，危险加剧，曾育生部长见状立马冲进手术室说道："白求恩大夫，请您马上带着伤员离开，这是贺龙师长的命令。"

"请告诉贺将军，我同意撤走部分伤员，至于我个人，我不能接受这个命令。"白求恩话音刚落，又一发炮弹落了下来，险些击中手术室，庙的一角瞬间坍塌，门帘也着了火，火舌以极快的速度直冲手术台扑来。白求恩却仍然不为所动，镇定地进行着手中的操作。曾部长一一看在眼里，心下叹道，即便贺龙师长亲自来，白大夫也不见得会撤退，于是干脆放弃了劝阻，赶紧组织人员灭火，指挥担架队转移伤员。

第三天傍晚，趁手术间隔，白求恩匆匆吃下一碗面条，回到手术室时，却不见董越千的身影。

"董，你在哪里？"白求恩急切地喊。

董越千从角落里站起身，手中拎着空空如也

的医疗箱，几乎是哭着道出了一个令人沮丧的消息——麻醉药全部用完了。白求恩揪心地望着手术台上的伤员，没有了麻醉药，这就意味着接下来只能做无麻手术，眼下大多数伤员都是重伤，他们能忍受得了吗？

伤情危急，根本容不得一丝迟疑，白求恩开始加快手中速度，无论是庙外的枪声炮声，还是手术室里的呻吟和哭喊，他都全然不顾，心里只紧紧攥着一个信念——争分夺秒抢救伤员，尽量缩短手术时间！这样才能减轻他们的痛苦。白求恩的手术向来干净利落，而且速度极快，在北美医疗界的外科同行里，这是众所周知的。在伤员集中的战场上，"快"代表着能够挽救更多的生命。也许白求恩从没想过，正因为他的"快"，在不得不为之的无麻手术中发挥了重要的作用。

4月26日清晨，当第一缕曙光透进窗户，白求恩完成了最后一针缝合，也耗尽了最后一丝气力。他疲惫不堪地坐了下来，想靠在墙上休息片刻，却发现自己根本无法入睡，长时间高度运转的脑子还处在惯性中，眼前浮现的全是一个个伤员的影子。

三天三夜，白求恩连续工作了 69 个小时，在另外两名医生的协助下，完成了 115 例手术，创造了战地手术的世界纪录，并且再次用事实证明了他的 CEF 理论：close（离前线越近越好）、early（手术越早越好）、fast（手术速度越快越好）。

战斗结束了，可白求恩的工作并未结束。徐志杰连长伤势严重，还没有度过危险期，白求恩不放心，抽空用随身携带的木匠工具制作了一副带靠背的担架，把徐连长留在身边养伤。腹部受伤的人往往进食困难，白求恩就把珍贵的炼乳拿出来喂他吃，伤口疼得厉害时，白求恩会点一支香烟递到他嘴边，以此减轻痛苦。在白求恩的精心护理下，徐志杰最终活了下来，往后方转移时，他拉着白求恩的衣角泪流不止，哽咽着说："我以后只有多杀几个鬼子来报答你！"

在冀中短短的 4 个月里，白求恩行程 750 公里，实施手术 300 余次，还帮助各部队建立起了手术室和医疗所，救治的伤员数不胜数，其中有许多像徐连长一样，是被白求恩从死亡的边缘抢救过来的。白求恩大夫精心救治伤员的动人事迹在部队里传颂着，大大鼓舞了八路军的斗志，冲锋时，战士们总是会高喊："冲啊！白大夫就在后边！"

新发明

董越千由于工作原因需要返回阜平县，组织上又为白求恩派来了一位新翻译。分别时分，两人依依不舍。一年来他们朝夕相处，结下了深厚友谊，董越千教白求恩学汉语，白求恩不仅把小董培养成了一名优秀的麻醉师，更将对方视为自己的"化身"——既是倾诉的对象，又是与他人沟通的桥梁。重要的是，小董向他打开了一扇认识中国的窗口，他的耐心和好脾气也让白求恩深切感受到了温暖与宽容。好在来自协和医院的小伙子朗林英语流利、性格爽朗，很快就与白求恩熟识起来，交谈间，白求恩越发觉得身材魁梧的朗林和自己的加拿大朋友比尔很像，便亲切地也称他为"比尔"。

不久后，八路军在滹沱河畔打了一场漂亮的伏击战，为了防止日军报复，贺龙命令所有人员半个小时内撤离阵地。白求恩看着躺在手术台上的伤员和完全展开的手术器械心急如焚，半个小时？别说转移伤员了，就是整理器械都来不及啊！因为医疗队行动迟缓，部队被迫推迟了转移时间，只能与增援的日军又打了一仗才得以脱身。主力部队撤走后，留下了一支护送分队和一辆大车，要求医疗队天亮之前在河间县东南方向与大部队会合。不巧又遇到下雨天，道路泥泞不堪，骡马迈不开步子，大车又屡屡陷入泥坑，颠簸辗转间，珍贵的药品撒漏一地，许多敷料也被雨水浸湿。队伍行进的速度越来越慢。黎明时分，离目的地还有 10 多里路，贺龙师长又派来一支小分队接应，在两支小分队的帮助下，行动迟缓的医疗队总算赶到了集合地。

卸完车后，白求恩心情沉重，饭也不想吃，对朗林喃喃说道："在山里，医疗器械和药品用驴驮，在平原，用大车拉。可一遇到情况就展不开、收不拢、走不动。这一次不但耽误了部队转移，还造成了不必要的牺牲，这怎么行！"

陷入深深自责的白求恩无法容忍医疗队再次拖后腿，曾经的"医疗器械发明家"又开始琢磨新发明。当他看到老乡们背东西用的褡裢时，一下子来了灵感，连夜绘制图纸，他要以此设计出一种得力高效的驮运方式。第二天，白求恩就在村里的空地上做起了实验，放好褡裢后，马儿驰骋而去，十几分钟后返回原地，大家都满怀期待地看着白大夫从马背上取下布袋，结果却以失败而告终。布制的褡裢太软，药品和器械都无法固定牢靠，奔跑中不少东西都撞变形了，而且装取也很不方便。

"这个办法不行，还得再想想。"白求恩一边摇头一边自言自语。

一天傍晚，白求恩与朗林骑马返回驻地，正好碰到一个小孩赶着毛驴送粪，还摇头晃脑地哼着歌谣，朗林见白求恩感兴趣，就逐句为他翻译出来。

"我这头驴呀，好肥的膘，

夜走八百里，日行千里遥，

送公粮、支前线，

要把那小鬼子早点儿给打跑……"

白求恩听完哈哈大笑，实际上引起他注意的是驴背上的粪驮子。他"噌"的一下跳下马来，围着粪驮子来来回回端详，连声道："有了，有了！"当天晚上，白求恩设计出了一个全新的药驮子，又请来木匠帮忙，两人敲敲打打忙活了一个通宵。

这是一件坚固的木质容器，外形像座桥，又像倒置的英文字母"U"。"桥顶"有一个凹槽，可以存放各种夹板，"桥"两边各有 3 个抽屉，抽屉里又设有若干大小不一的格子，可以分类放置各种手术器械、药品和耗材。

天刚一亮，白求恩就迫不及待地拉着朗林去检验效果，一匹高头大马"全副武装"跟着他们跑了七八公里，时而爬坡时而下沟，时而快跑时而隐蔽，一番演练下来，人和牲畜都累得气喘吁吁。回到医疗队后，打开药驮子一看，里面摆放的器械和药品仍然整整齐齐，完好无损。成功了！白求恩高兴地找到120师卫生部曾部长，一边演示一边介绍：两个驮子上横搭一条门板，就是一个简易的手术台，再加上一个敷料驮筐，就能携带100次手术和500次换药包扎所需的物品。

"我要马上报告贺师长，您的发明为平原作战解决了大问题！"曾部长连声叫好。

战事频繁的冀中平原生活艰苦，但军民团结友爱、斗志旺盛，每当夕阳西下，四处总能传来悠扬的歌声。那天傍晚，白求恩与朗林正在散步，突然听到一支熟悉的曲调，朗林告诉他，这首歌叫卢沟桥小调。

白求恩立马想起他刚发明的药驮子，兴奋地说道："我们的药驮子不也像一座桥嘛，为了纪念中国人民的抗日战争，就叫它'卢沟桥'吧！"

"卢沟桥"制成后，白求恩把流动医疗队改编为"流动医院"，医务人员编制23人，其中医生7人，装备两个"卢沟桥"、一个敷料驮。因为装备都在马上，大家也称之为"马背医院"。后来的实践证明，短小精干、机动灵活的"马背医院"能够确保火线伤员在 6 个小时之内得到抢救。冀中军区和 120 师先后建起了 7 个这样的"马背医院"。

　　白求恩在冀中的发明层出不穷，几乎每遇到一个难题，他都必须找到解决办法才肯罢休。为了在敌人眼皮底下巡回治疗伤员，他巧妙地设计出了换药篮子：把药品和敷料装在一个带隔板的木盘里，置于荆篮底部，上面铺一块土布，再放些其他物品。这种篮子携带方便又有极佳的伪装效果，深受护士们欢迎。为了让伤病员能吃上热饭热菜，白求恩还发明了一种双层保温桶，桶中盛饭菜，夹层盛开水，各有盖子，既保持了开水的清洁，又能给饭菜保温。

　　有一次，白求恩碰到一个护士给伤员换药，因为敷料与伤口粘连在一起，撕开时伤口流了很多血，伤员疼得连声喊叫。他就琢磨着要研制一种既能防止创面干燥，又可以控制感染，还能较长时间保持疗效，在换药时容易揭开的药膏。经过不懈的试验，终于取得了成功。白求恩用黄碘、碱式硝酸铋和液体石蜡混合配制成油剂软膏，完全达到了预期效果。伤员涂上后，一个星期都没有感染，伤口也不再粘连，轻轻一揭就能去掉，紧急情况下，伤员自己动手就能操作。

白求恩的发明大大减轻了伤病员的痛苦，提高了医疗工作的效率。当同志们纷纷称赞他的智慧和才华时，白求恩总是谦虚地说："这不是我的创造，我是从群众那里'偷'来的。"当大家问他怎么"偷"时，他的表情就会认真起来："只要想着伤员，想着让他们尽快恢复健康，我们就有克服困难的办法。"

创办晋察冀军区卫生学校

早在贺家川后方医院巡视时，白求恩就意识到医护人员亟须培训。他在写给毛泽东的信中提到，伤员得不到有效治疗而伤残、死亡的重要原因，是所有医护人员都没有接受过培训。他建议挑选最好、最聪明的护士到中国的教会医院去专心学习外科护理、外科基本技术，以及消毒防腐及使用夹板等。但时间不久，白求恩在进一步熟悉战况后发现这个办法不切实际，同时他也更全面地了解到绝大多数医务人员的职业素养很低——他们不懂操作规程，常常误用药物，交叉感染几乎成了常态，医院的管理更是欠缺章法。白求恩决定，必须马上行动起来，想尽一切办法改善八路军的医疗现状。

白求恩思维敏捷，文笔犀利，早在蒙特利尔皇家维多利亚医院工作时，他学术研究成果的数量和质量都达到了令人瞩目的高度，仅一年时间，白求恩就在北美和欧洲的一流学术期刊上发表了4篇论文。他未曾料想，来到中国后，出于游击战争和八路军卫生工作的需要，自己会写出一部部非同寻常的军事医学专著。

在艰苦的战斗生活中，白求恩一有空闲就对着打字机敲个不停，不肯浪费一分一秒。从创建松岩口模范医院开始，白求恩就着手编写教材，从基础生理学、基本用药知识及伤口处理，到有插图的人体解剖图谱，先后完成了20多种教材、提纲和讲稿。

1939年6月底，白求恩来到唐县神北村晋察冀军区司令部驻地，司令员聂荣臻劝他一定要多休息。"那怎么行，你们得拿我当一挺机关枪使用！"白求恩脱口而出。

"我希望用二到三周的时间，把一年多来写的培训教材整理出来，编成一本书，这对开办卫生学校是必需的。"白求恩郑重地向聂司令员表达了自己的决心和想法，"我要好好培训八路军的医生和护士，即使有一天我走了，还能留下永远不走的医疗队。"

7月的华北，气温居高不下，加上雨水多、湿度大，天气异常闷热。白求恩全然不顾气候恶劣，夜以继日地投入到工作中。因为打字频繁，右手长了一个硬疮，指头肿得像胡萝卜，疼痛难忍时，他就在患处切了个小十字口，待肿消退了些，就又坐回打字机前忙碌起来。没过几天，脚上又出现脓肿，用药也不见效，白求恩就让何自新把桌子抬到院子里。

他指着自己的脚说："用日光浴消灭细菌。这

样就可以一边晒太阳一边工作了。"

火辣辣的太阳炙烤着大地，不一会儿工夫，白求恩就大汗淋淋，他索性脱掉衣服，打着赤膊继续伏案。何自新只好用凉水蘸湿了毛巾，轻轻替他擦去汗珠。接连晒了两天太阳，脓肿不但没有好转反而扩大了，只得开刀排脓。手术后他也不肯休息，又一瘸一拐地回到房间继续打字，终于赶在 7 月下旬完成了《游击战中师野战医院的组织和技术》。按照白求恩的计划，由朗林把它译成中文，作为教科书发放给学员。这部长达 14 万字的军事医学专著语言朴实、实用性强，从序言开始就催人奋进——

"战时卫生工作的组织是随着战争的方式来决定的，这个道理特别是在晋察冀军区的游击战中表现了它的正确性……以前的战争对于卫生器材与药品是可以尽人力与财力来改善和充实的，但现在我们物资方面的补充是极端困难的，我们必须利用其他物品来代替医疗器材，并且要用简单的器具来完成我们的治疗任务……这本书是根据我在八路军卫生工作 18 个月里的实际经验写出来的，有时走到所谓'前方'（距敌人约3里至9里），有时在所谓'后方'（距敌人约30里至90里）……"

"这本书贡献给我卫生工作的同志，作为我对他们在困难中作斗争的精神钦佩的表示……更将这本书献给贺龙将军、吕司令及冀中区、120师和其他为和平解放而奋斗的英勇善战的八路军。"

书稿完成了，教材就有了保障，1939年8月，白求恩再次向聂荣臻阐述了筹建卫生学校的想法。针对眼下的战争形势和八路军的医疗现状，他提出了"边教学、边战斗、边救治"的教学模式，并推荐江一真任校长。

"为什么要请江一真？你是最合适的人选。"聂荣臻笑着问。

"不，我和他有过两次合作，一次在延安，他带我熟悉了窑洞医院；一次是在黑寺村，在我支撑不住的时候，他接替了我。"白求恩言语间流露出赞赏的神情，"我了解他，他是一个有创造力并且有能力教导和监督助手的人。"

"至于我，我还是想尽可能多地上前线去救治伤员。"白求恩笑嘻嘻地补充道，"别忘了，你们得拿我当一挺机关枪来用！"

在军区首长的亲切关怀下，卫校筹建工作进行得很顺利，各军分区很快就抽调出学员集中到神北村，一边劳动建校，一边补习文化。看到昔日的农家子弟和青年工人正一天天飞速进步，白求恩十分欣慰。他相信，用半年时间就能将他们培养成合格的护士，若是想当医生则需要一年。

1939 年 9 月 18 日，晋察冀军区卫生学校在唐河东岸的牛眼沟村举行了开学典礼，聂荣臻出席并讲了话，江一真出任校长。白求恩把自己从加拿大带来的显微镜、小型 X 光机和一些内外科书籍捐赠给了学校。

"不管学习遇到多大的困难，你们都应当像前线战士打败敌人那样打败困难。"白求恩语重心长地对学员们说，"在非常艰苦的环境中，我们需要边教学、边战斗、边救治，但只要我们努力坚持，就一定能培养出优秀的医生和护士。"

当天下午，卫校就正式开课了。白求恩走进教室，首先讲解的是医疗器械的使用，然后为一名下肢陈旧性骨折伤员做了示范手术。他从手术的准备、洗手消毒、穿手术衣、戴手套、创面消毒、铺手术巾，到麻醉开刀，一边操作一边讲解，包括如何持刀、如何止血结扎缝合，各种细枝末节都面面俱到。面对如此专业的高水准讲授，学员们一个个听得如痴如醉，不知不觉已是傍晚时分，他们对白求恩严谨细致的作风肃然起敬，学习劲头高涨，期待着还能再次听白求恩大夫讲课，期待着有朝一日顺利毕业，全身心投入战斗。谁也没想到，第一课竟成了最后一课。

05

魂驻太行

最后的巡视

　　尽管晋察冀军区卫生学校已经开始运行，但白求恩心里比谁都清楚，学校不仅缺乏优秀的教员，也缺乏讲授解剖学的人体模型、组织学和病理学切片、细菌学仪器等各类必需的器材设备，因此，教学活动根本无法有效开展。他深知八路军没有财力提供办学所需的大量经费，而美国援华会给医疗队汇来的钱和"保卫中国同盟"寄来的药品器材全都被国民党扣留了。经过深思熟虑，白求恩决定亲自回加拿大一趟，预计用两个月时间募集经费、药材和书籍，他还要向世界人民宣传八路军敌后抗战的英勇事迹。

启程的日子临近了，白求恩却推迟了归期，他不放心手中的工作，要对军区所有医院再作一次巡视。而此时恰逢卫生部准备检查一、三军分区的医疗状况。

9月25日，由叶青山部长带队的巡视团从唐县花盆村出发了，同行人员除了白求恩，还有翻译朗林，医生林金亮、陈仕华，政工干部刘柯等。同志们欣喜地看到，一年来，边区后方医院已由原先的10所发展到20所，各营、团也都建立了卫生所和手术组，晋察冀军区的医疗组织已经初步完善起来。

"这是您努力工作的结果。"叶青山满怀感激地向白求恩表达谢意。

"不，是你们付出的心血，我不过是提出了建议。"

沿途的所见所闻令白求恩甚感欣慰，松岩口后方医院的示范作用和"特种外科实习周"的培训对基层卫生工作确实产生了积极效果。在于家寨休养二所，由民房改建的医院环境整洁，工作秩序有条不紊，还设立了书报阅览室。在20团驻地，细心的白求恩发现所有水井都加上了木盖。卫生队队长告诉他，这是为了保障饮水卫生、防止敌人投毒而采取的措施。白求恩听完大为赞赏："卫生工作不仅是看病疗伤，更重要的是保障公共卫生，我原想写一本关于公共卫生的小册子，现在你们走到前面了。"

巡视中，白求恩意识到自己也发生了变化，说不清从什么时候开始，他不再像过去那样一碰到问题就火冒三丈，而是学会了因地制宜，从现状出发。如果同志们是因为不懂技术造成的失误，他就亲自示范，耐心讲解，但是，对于工作马虎、责任心不强导致的错误，他仍然会不留情面地严厉批评。

在三分区休养一所，白求恩听说当地疟疾流行，当即决定出诊。他一刻也不愿意休息，从早到晚都忙着为老乡们做检查、注射奎宁，因为他知道很多村民是远道而来，如果不抓紧时间看完，他们第二天还得拖着病体再跑一趟。除了疟疾，当地还流行痢疾、肠炎和感冒，白求恩连夜编写出这四种疾病的防治方法，把医务人员集中起来，进行针对性培训。

"人民群众是大海，八路军是大海中的鱼，离开了大海，鱼就没法活。我们要把群众疾苦当成自己的疾苦。"白求恩要求大家必须重视驻地群众常见病的防治，做到早发现、早治疗。作为医者，他的仁爱之心令所有人既感动又钦佩不已。

巡视团抵达郎家庄2团卫生队时，正好赶上开饭，伤病员碗中盛着珍贵的白面，工作人员吃的却是玉米饼子加咸菜，大家把"患者至上"的原则落实得很好。白求恩注意到一位正给伤病员分菜的护士手上有疥疮，马上叫来了卫生队队长。

"这个护士本身就是病人，为什么还让他工作呢？"

"好房子都给伤病员住了，医务人员只能住在潮湿的屋里，有的干脆睡在铺着稻草的地上，一部分同志就得了疥疮，也来不及治疗。"卫生队队长向白求恩解释道，"如果让他们休息，照顾伤员的人手就更不足了。"

白求恩听完沉默不语。晚饭后，他给所有医务人员做了检查，然后请卫生队队长带路，到村外找了个隐蔽的树林，周围用草帘子遮挡住，中间生起一堆火。原来，白求恩要亲自为生疥疮的男同志们抹药膏，为了消除大家的尴尬，他一边上药一边讲笑话，树林里传出阵阵笑声。连续治疗3天后，疥疮奇迹般痊愈了，大家又惊又喜，没想到他们眼中的顽症竟然这么快就能治好，纷纷向白求恩道谢。

"护士工作非常辛苦，疥疮虽是小事，可晚上痒得睡不好觉，又哪有精力干好工作呢？对于我们医者来说，任何小事都不容忽视，只有努力做好每一件小事，将来才能胜任更大、更重要的工作。"后来，大家经常用白求恩大夫的这段话警醒自己，久而久之，都养成了从小事做起、把小事做好的习惯，并称之为"白求恩作风"。

将近1个月的时间里，白求恩每到一处，除了看病和检查工作，总要召集卫生干部讨论巡视中发现的问题，再进一步研究解决办法和改进措施，还经常讲授战地医疗的各类知识。白求恩这种热忱细致、严肃认真的工作作风，使他身边的每个同志都受益匪浅。

巡视接近尾声时，白求恩在洪子店村参加了平山县抗日政府召开的紧急会议，这次会议令他永生难忘。就在两周前，一支逾千人的日军部队残忍地洗劫了这座小镇，烧掉了 60 多座房子，可谓惨绝人寰，可每个与会代表的脸上都没有沮丧，反而充满了战斗热情。白求恩被深深震撼了，乐观无畏、信仰坚定的军队是不会被打败的！他相信，在这种精神力量的鼓舞下，共产党领导的八路军一定能击退日本法西斯，取得最终胜利。

大家演唱了激昂的抗战歌曲《大刀进行曲》和《保卫黄河》，接着把目光转向白求恩。领唱的同志高声邀请道："有请白求恩大夫唱一首！"

白求恩站起身来，向大家点头致意，他心潮澎湃地说："今天，我十分荣幸，来中国的每一天，我都十分荣幸，能与大家并肩战斗，我想这是一个值得为之奋斗的事业，这里的每个人都回答了人生应当怎样度过这个严肃的问题。"

"我的家乡在远方，可是我们准备上战场，我们对于法西斯一步也不让，哪怕枪弹密得像冰雹一样……"

白求恩以特有的男低音唱起了当年国际纵队在西班牙的战斗歌曲——《塔洛莽营之歌》，朗林为大家逐句翻译出来，充满激情的歌词引发了会场雷鸣般的掌声。

散会时天已经黑了，星星在遥远的天幕中竞相闪耀，室外的空气清新而寒冷，借着昏暗的烛光，白求恩留意到一堵残壁上的标语，朗林告诉他："除了战斗，别无选择！"

"说得太好了！除了战斗，别无选择！这是一条伟大的道路！"白求恩心想，这条路正是他的选择，在西班牙是这样，在中国，也是这样。

摩天岭下的万神庙

巡视工作即将完成时，日寇突然发动"冬季大扫荡"，白求恩决定率领医疗队投入到反"扫荡"的战斗中。10月28日，第一军分区司令员杨成武向巡视团介绍了战场态势，这是日军发动的规模最大的一次进攻，不但出动了大批陆军和空军，还携带了毒瓦斯。

"我分区将在摩天岭一带迎击敌人。"

"战斗什么时候开始？"白求恩急切地问道。

"明天！"

朗林提醒白求恩，如果去前线参战，他又要耽误回国日期。大家都知道，白大夫原计划10月中旬出发，因为参加巡视，就把启程日期推到了11月初。白求恩站在军事地图前面，大口吸着烟卷。日军野心勃勃，企图在太平洋地区扩大战争，为了把华北作为扩大战争的军事基地和人力物力补给线，一心要消灭八路军主力，建立起所谓的"模范区"。因此，这一战，对中国战局乃至世界战局都具有重大影响。

"如果晋察冀边区受挫，日军阴谋得逞，我这次回国就毫无意义了。我一定要参加战斗。"白求恩说。

巍峨挺拔的摩天岭高耸于太行群峰之上，隐匿于白云深处的险关隘口，八路军战士们一个个摩拳擦掌，准备迎击日寇的进犯。日军此番扫荡，出动了2万人马，从平汉铁路以西的唐县、完县、满城，直到涞源，五路并进，对我形成了一个巨大包围圈。而摩天岭一带，正处于敌包围圈的中心。晋察冀军民计划以小分队袭扰敌人，掩护主力转移，待敌疲惫之时，再寻求有利时机，集中主力歼敌。

10月29日上午，医疗队赶到了距离火线七八里的涞源县孙家庄，八路军战士把他们带到距离山脚不足50米的一座破庙里。破庙虽小，却有一个令人震撼的名字——万神庙，庙内佛像衰朽不堪，壁画斑驳残旧，三面摇摇欲坠的围墙守护着不到10平方米的空间。白求恩快速视察了环境，四周没有大树巨岩作遮掩，虽不利于防空，但山脚下有一条小溪，沙石铺筑的小道紧靠溪流，来往摩天岭的车辆行人都会途经此地，路线清晰，担架队员也能快速准确地将伤员送至医疗站。

隆隆炮声接连不断，战斗打响了。小庙里，术前准备正紧张有序地进行着，两张方桌拼接成临时手术台，再支起一顶白布帐幔，简易的手术室就建好了。电话机放置在墙角，旁边有一台闹钟，嘀嗒嘀嗒地数着时间，嘶嘶直冒水汽的消毒锅里躺满了各式手术器械。白求恩一边系橡胶围裙，一边给担任助手的陈仕华下达命令。

"伤势较轻的，就地包扎送往后方，伤势重的，立即进行手术，然后再转送后方医院。"他想了想，又强调了一句，"不管有多少重伤员，全部做好手术准备。"同往常一样，白求恩先抢救那些头部和腹部受伤的战士，尽管外面战火纷乱，万神庙里却出奇地安静，无数次紧张繁忙的前线救治中，白求恩与同志们早已练得默契十足，很多时候，一个手势或者一个眼神彼此就心领神会，无须多言。伤员一个接一个抬进来，手术后又陆陆续续抬走，不知不觉间，24小时过去了。

战斗仍在激烈进行着。

手术室里，拯救生命的战斗也在继续。

在给一位伤员做手术时，白求恩不慎划伤了左手中指，殷红的鲜血顿时从指间流出，他没有在意，快速处理完伤口后，又投入到紧张的工作中。

10月30日下午，手术室响起急促的电话铃

声，司令部发来紧急通知："日寇分多路包围孙家庄，医疗队必须立即转移。"警卫战士迅速从小庙后面爬到山顶，通过望远镜，他发现村北的高山上有二十几个蠕动的人影，再仔细观察，这群身着便衣的人个个手持武器。没过一会儿，山顶上出现了一闪一闪的刺刀光亮和头戴钢盔的队伍。

原来，日军从多次"扫荡"失败中也吸取了教训，除了正面进攻外，也不时安排一些"游击"动作，让伪军化装成老乡在前面带路，他们紧跟其后，妄图以此袭击我后方机关。警卫战士迅速向白求恩报告了敌情："敌人来了，要马上转移。"

现在转移？向哪里转移？伤员怎么办？医生护士们一个个急得如同热锅上的蚂蚁。白求恩抬了抬手，示意大家稍安勿躁，作为历经两次世界大战的"老兵"，他深知越是危急时分，越应该保持镇定和清醒。

"敌人从哪里来？"白求恩沉着地问道，俨然一位战地指挥官。

"背面山上。"

"多少人？"

"有二十几个便衣，后面跟着日军主力。"

"还有多少需要手术的伤员？"

"10个……"为了让白求恩停止手术，护士又补了一句，"多数是轻伤员……"

"轻伤员不是包扎完就转移了吗？"白求恩识破了善意的"谎言"，下令道，"做完手术的伤员马上撤走，再增加两个手术台，一次抬进3名伤员。"

就在这时，电话铃再次响起："驻在王安镇的日军也出动了，正向我们包抄过来。"警卫战士告诉白求恩，如果敌人动作迅速，翻山过来只需要40分钟。白求恩右手按在脑门上，心里飞快地估算着：40分钟，除去10分钟撤离时间，还有30分钟给伤员做手术，如果3台手术同时展开，完全可以在敌人到达之前处理完毕。

究竟撤不撤？正在手术的伤员该怎么办？众人还在七嘴八舌地讨论着，白求恩果断制止："不要再把时间消耗在争论上了，赶紧回到各自位置，手术继续！"

大家听了，纷纷回到岗位上各司其职，加

快了工作速度——医生们全神贯注地开刀、取异物、缝合、包扎，助手们马不停蹄地备药材、递器械，手术室里的气氛达到了前所未有的紧张。只有那台小闹钟，仍在轻快地、有节奏地"嘀嗒、嘀嗒"。

最后一名伤员抬进来了，这位腿部受伤的战士名叫朱德士，陈仕华看了看钟，时间已迫在眉睫，再不撤离就真的来不及了，周围的人开始收拾器械，白求恩却再次接过了手术刀。

"白大夫，您先走吧，我来替您手术。"陈仕华几乎是恳求地说道。

"白大夫，我的伤不重，把我留下或带走都可以，但您千万得走，我不能连累您。"朱德士也挣扎着坐了起来。

"好孩子，你听我的。现在手术腿就能保住，不然，这条腿就完了。"白求恩不由分说，命令伤员躺下。手术中，极度疲惫的白求恩好几次眩晕险些栽倒，左手中指又被碎骨刺破了他也全然不知，直到取出弹片、缝完最后一针，终于长舒一口气。

看着抬伤员的担架全部撤离了，白求恩才跨上马背，和医疗队的同志们扬鞭消失在村东的大山里。几乎是同一时间，日寇先头部队冲进了孙家庄，很快就发现了那座只有三面围墙的万神庙。不过，简陋的临时手术室里已经空空如也，只有一口消毒用的铁锅还冒着热气。

被病菌感染的日子里

阴云密布，朔风刺骨，风雪弥漫天地间，一队人马冒着隆隆炮火在山中艰难行进。连续3天的急行军和战地手术，加上严重缺乏睡眠，身体状态极差的白求恩感冒了。他的左臂用纱布吊在胸前，右手拄一根树枝，虽然竭力装出轻松的样子，但受伤的手指肿胀严重，剧烈的疼痛迫使他每走一步都不由得发出一声喘息。同行的叶青山部长看在眼里，心疼地劝他停下来休息。

"不行，还有许多伤员等着手术。"白求恩态度坚决，说完又对新来的翻译潘凡开起了玩笑，"如果一切顺利，战斗结束后，我还能赶回美洲过圣诞节呢。"

然而，医疗队的同志们却笑不出来，他们为白大夫的健康深深担忧着，他手指发炎又罹患感冒，却一刻也不肯休息，一刻也不愿意离开前线。

11月1日清晨，医疗队准备离开第一军分区医院，队伍在村口的大树下整装待发，白求恩却迟迟未到。原来，在临行前的检查中，他发现一名患颈部丹毒的伤员，病菌侵入头部，并发蜂窝织炎。这种由链球菌引起的急性炎症，如不及时治疗，病人就会有生命危险。同时，作为外科烈性传染病，它的手术风险也很大，一旦细菌侵入医者伤口，后果不堪设想。

"必须立即手术，开刀排脓。"白求恩毫不犹豫地发出了指令。

"你手指有伤，不能再做手术了，让我来处理。"叶青山说。

"没关系，我的手指以前也发过炎，不是也都好了吗？"他转身告诉何自新，"快去通知大家，出发时间后延两小时。"

"卢沟桥"重新从马背上卸下来，白求恩又站到了手术台前。一向动作敏捷的他今天显得有些迟缓。由于手指肿胀僵直，戴不了橡皮手套，无疑又额外增加了感染风险。叶青山关注着手术，更密切关注着白求恩。突然间，白求恩的左手猛然抖动了一下，最令人担心的事情还是发生了——他的左手中指碰到了伤员的伤口。

伤员脱险了，白求恩的伤指却再度感染。他仍然坚持和大家继续战斗，殊不知链球菌已在他体内蔓延，寒冷和疲劳又加重了病情，当天夜里，白求恩开始发烧。

11月2日，在史各庄后方医院，他极力忍受着浑身疼痛，为300多名伤病员做了检查。翌日清晨，陈仕华为白求恩大夫检查完伤情后，悲痛地向叶青山部长作了汇报："病毒已经通过静脉扩散了，如果要彻底根除，必须截断他的手指。"

这是个难题，以白大夫的固执性格和对工作的狂热，恐怕很难接受失去手指这件事。可要是不做手术，生命就会有危险啊！这是白求恩在手术台上时常提及的道理，如今，要反过来说给他自己听了。由谁去通知他？用怎样方式沟通？叶部长沉思良久，最后还是决定亲自去给白大夫做工作。

"我是个外科医生，怎么能没有手指呢？"不出所料，白求恩断然拒绝了叶部长的委婉措辞。他怀着一丝侥幸暗自揣测，发烧的原因可能不是败血病，也有可能是伤寒，总之，现在还不是时候。但虚弱的身体实在无法继续行军了，叶青山让陈仕华也一起留下来，方便照顾白求恩养病。

然而，谁都没有想到，这一天，倔强的白求恩大夫不肯休息，他用裁开的橡胶手套把左手封了个严实，又硬撑着为13名伤员做了手术，被潘凡扶回宿舍时，连说话的力气都没有了。

11月4日，白求恩靠在行军床上修改了巡视团的工作报告，还拟定了一份防治疟疾的讲课提纲。外面下着小雨，气温陡然下降，何自新生起火炉，屋子里暖和了许多。白求恩披着大衣坐在炕桌边，望着炉火发呆，来到中国快两年了，他像只旋转的陀螺没日没夜地工作，现在空闲下来，反倒觉得很不适应。伤指肿胀得比正常手指粗了一倍，像个透明的胡萝卜，白求恩决定自己动手切开它。

11月6日上午，陈仕华发现白求恩的左肘内侧出现了一块脓肿，左腋窝的淋巴结也开始肿大。他明白，此时挽救生命的唯一办法只有截肢了，这正是白求恩教给他的诊断技术，但他比谁都清楚，白求恩大夫是绝对不会同意截肢的。在那段危险而艰苦的战斗生活中，陈仕华始终被白求恩大夫那根植于血脉的正义感和牺牲精神感动着：面对战火他毫不畏惧，面对工作他永远充满热情。也许，白求恩大夫面对自己的病情也抱定某种信念，认为坚强的意志力能帮助自己渡过难关。

当晚，聂荣臻司令员准备在银坊附近部署一场较大的反击战，部队将连夜经过史各庄。为了让白求恩安心养病，陈仕华提醒同志们"封锁"了这一消息。第二天，屋外传来飞机轰鸣，不一会儿，又接二连三响起了炮弹声，白求恩从床上爬起来问："你们听到没有？是不是又打仗了？"

"只是小规模的接触。"潘凡告诉他。

"为什么瞒着我？如果是小接触日本人会出动飞机大炮吗？北面定有战事，小鬼，准备出发。"白求恩冲何自新大手一挥。

"你是病人，你不能上前线。"潘凡急忙上前阻拦。

"难道一根手指发炎就要把我当成病人留在这里吗？前方的战士在流血，我不能在这里休息。"

白求恩骑马走在崎岖的山路上，他全神贯注，辨别着炮声的方位，刚开过刀的左手插在衣兜里，路途颠簸加剧了伤口疼痛，他索性下马，右手扶住马鞍，顶着寒风，艰难地向山上攀行。

11月8日，白求恩又冒着寒风走了70多里，抵达王家台村第一分军区第3团卫生队。离银坊前线只剩10里路了，但左臂腋窝处的剧烈疼痛令白求恩浑身战栗，反复呕吐，他实在走不动了，只好同意暂时住下来。尽管屋里生了火，何自新给他盖了两床被子，他仍然不停地喊冷，量完体温的陈仕华对着水银柱失声叫道："三十九度六！"

白求恩的病情恶化了，伤指脓液增多，左臂肘关节出现转移性脓疡。一分区司令员杨成武闻讯赶来，望着昏睡中面容消瘦的白求恩，他几乎不敢相信，就在 10 多天前，自己把缴获的日本军刀送给白求恩留作纪念时，他还神采飞扬地表示，要拿回去告诉美国和加拿大民众，这是日本法西斯的侵略罪证。杨成武决定，尽快把白求恩送往花盆村后方医院，同时向聂司令员紧急报告。

躺在炕上的白求恩大夫止不住地打着寒战，但凡神志清醒一点时，他就进入工作状态，不停地嘱咐潘凡，打电话通知部队把伤员直接送到王家台，如果电话不通，就派通讯员去一趟。

"第一批伤员送到时，立即手术。凡是头部和腹部受伤的，必须抬来给我看，即便我睡了也要叫醒我……"说着说着，他又陷入昏睡中。

过了一会儿，白求恩醒过来了，不停地呕吐，体温已升到了四十摄氏度，来自左臂和头部的剧烈疼痛侵袭着他。极度痛苦中，白求恩还惦记着伤员，想起那些英勇负伤的八路军战士，他心如刀绞，恨自己不能继续工作，不能一一切掉那些坏死的组织，不能亲自取出每一枚弹片。

恍惚中，他甚至有些疯狂地想，干脆把他们

身上所有的疼痛全都掏出来，放在自己身上，如果这样能替代他们的痛，如果这样能救活他们，那就让疼痛来得更猛烈些吧！

冬夜的黄石口村

11月10日，聂荣臻传来指令："要不惜一切代价，把白求恩大夫送出作战区域，尽快转移到后方医院救治。"

听闻白求恩病重的消息，附近的村民纷纷前来探望，他们站在屋外，隔着窗户向这位加拿大医生表达敬意。

第一军分区第3团团长对白求恩说："我要向您报告好消息。摩天岭战役后，我军在涞源县和日军发生大小战斗30多次，日寇损兵折将连连失利。特别是在涞源南部的上庄子，我们击毙了日军的阿部规秀中将，这可是抗战以来被中国人击毙的最高指挥官！"

听完潘凡的翻译，白求恩两颊深陷的脸上浮出一丝微笑："我希望能留下来，为战斗部队疗伤！"团长又告诉他："当前，有一路日军正从五亩地向王家台村袭来。聂司令员对你很关心，要我们尽快把你转移到后方医院救治，希望你跟我们一起行动。"

听说是聂荣臻的命令，白求恩不再坚持，他用右手摸着肿胀的左臂，想到自己无法再履行医生的职责了，两行热泪涌出眼眶。

天空飘起洁白的雪花，纷纷扬扬洒落在漫山遍野，护送白求恩的队伍在山间默默行进着。一路上，白求恩寒战，颤抖，呕吐不止，艰难行至唐县黄石口村，离后方医院还有十几里路。

白求恩虚弱地说道："我们就停在这里吧……我感觉很不好……"

陈仕华赶紧联系村里，找到了一户条件稍好的农家，把白求恩安顿下来。

"没有生火吗？怎么这么冷……"白求恩躺在暖炕上，身上盖着厚厚的毛毯，仍然不停地喊冷，牙齿发出"嘚嘚"的颤抖声。何自新见状不禁转头抹了抹眼泪，白大夫的身体已经虚弱到了极致！傍晚，军区后方医院院长林金亮赶到了黄石口村，神志已不太清醒的白求恩仍然认出了曾与自己并肩战斗的同志，他尽最大的力气握住了对方的手："林大夫应该带领一个手术队，即刻北上……"

林金亮强忍着泪水，哽咽劝道："白大夫，我们马上回花盆村后方医院，那里条件比较好。"

"不必了，我是医生，知道自己的病情……能用的办法，都用过了……"

房东悄悄把家里的母鸡杀了炖出一锅汤来，这已是农家照顾病人最好的补品。小何赶紧接过汤碗，可汤刚喂进嘴里，白求恩就吐了出来。林金亮见白求恩已无法进食，赶紧给他输了葡萄糖，又注射了强心剂。这一夜，大家纷纷守在白求恩大夫的身边，寸步不离。

11月11日清晨，白求恩醒来后神志清醒了很多，房东大娘拿来一个橘红色的磨盘柿子，一勺一勺地喂给他，白求恩吃力地露出一丝微笑，看来又凉又甜的果肉似乎缓解了些许疼痛，在场的同志们无不为之欣喜，期待着，也许会有奇迹

发生。

"让我……安静一下……需要时，我……会叫你们的……"白求恩感觉自己恢复了些力气，便要来纸和笔，右臂把纸压在膝盖上，开始写信。

亲爱的郎林：

昨天我从前线回来，我在那儿没有用处，因为我不能起床做手术。11月7日，我离开冀中军区后方医院的驻地……当时我的手指中毒。虽然我们能清晰地听到枪炮声，但没法知道作战情况。夜深时到达大坪地，得悉400名日寇在安各庄全部被击溃，但另有1000名日寇增援上来进行报复。这时候，我们不知道各流动医疗队或者王大夫率领的医疗队在哪儿，便转向西方。11月8日，我们在银坊以东10里左右的地方和三团取得联系。我整天打寒战。体温达摄氏三十九度六，烧得我不能起床……我服用非那西汀、阿司匹林、托氏散、安替比林、咖啡因等剂，均无效……

现在我请你做几件事：

1. 将这封信译出来交给叶部长，告诉他，我认为林大夫应该率领一个手术队，立即北上协助工作。到昨天为止，共有伤员 300 多名。村庄整天遭到轰炸。林大夫应该带助手一名、麻醉师一名、看护长一名、看护三名，组成手术队。叶部长及冀中医院带来的 6 袋棉花垫子和纱布，也要带来。

2. 将此信抄录一份送给聂将军，请他批准。我为伤员们感到十分忧虑……假如我还有一点支持的力量，我一定回到前方去，可是我已经站不起来了。林大夫可以使用我那一套手术器械。他在前方工作后应该回到后方继续协助王大夫工作两星期。都明白了吗？今天我感觉稍好些。我希望明天能看到你。

诺尔曼·白求恩

1939 年 11 月 11 日

于唐县黄石口

这封信段落零乱，字母歪斜，笔迹模糊，每一段的末尾几乎都无法辨认，几张信纸上布满了笔尖划破的痕迹。写完信，白求恩躺下来休息了片刻，抬抬手，示意何自新重新扶他坐起来，他的目光停在了打字机上，小何就赶紧把打字机搬到他面前。白求恩轻轻抚摩着熟悉的键盘，多少个夜里，他用它给聂荣臻写报告，给美国和加拿大的朋友写信，为模范医院和八路军卫生学校编写教材。如今他已经没有力气打字了，白求恩又抬了抬手，小何会意地拿来几张信纸。

"亲爱的聂司令员，今天，我感觉非常不好——也许我会和你永别了！请你给蒂姆·巴克写一封信……最近两年，是我生平最愉快最有意义的时日，感觉遗憾的就是稍嫌闭塞……"

1年多的战斗生活从他眼前一一闪过，在延安窑洞，在贺家川后方医院，在晋察冀山区，在冀中平原……屋外传来细碎的说话声，越来越多的人聚集在邸俊星院子里，为白大夫祈祷着、守候着。

一个抬担架的战士虔诚地对林金亮医生说："白大夫曾经用自己的鲜血救活过我的战友，今天，我愿意用自己的鲜血来救活他。"

"可是，他的病不是用鲜血就能治好的……"

白求恩听到了窗外的对话，他很感动，可他已经没有力气和大家打招呼，也不能再为可爱可亲的战士们看病了，那么，还能给他们留下些什么呢？白求恩重新坐起来，努力睁大眼睛，继续写——

"两张行军床、两双英国皮鞋，你和聂夫人留用吧。马靴、马裤，请转交吕司令。贺将军，也要给他一些纪念品。两个箱子，给叶部长。18种器械，给游副部长。15种器械，给杜医生。卫生学校的江校长，让他任意挑选两种物品作纪念。打字机和绷带给郎同志。手表和蚊帐给潘同志。一盒子食品和文学书籍送给董同志，算我对他和他夫人、孩子们的新年礼物。给我的小鬼和马夫人每人一床毯子，另送小鬼一双日本皮鞋。照相机给沙飞。贮水池等给摄影队。医学书籍和小闹钟给卫生学校。这就是我，一个共产主义者的遗产！"

想到遗产，一个人的名字忽然冒了出来——

弗朗西丝，自己深爱着的前妻，也是自己一生的愧疚。紧接着妈妈、爸爸、祖父、姐姐、弟弟，还有美丽的格雷文赫斯特小镇、茂密的森林、青春岁月、曾经的梦想与失落，仿佛一帧帧默片从眼前快速闪过。

一阵剧痛袭来，白求恩昏了过去。再次醒来的时候，他突然想起了什么，用颤抖的右手继续写道：

"每年要买 250 磅奎宁和 300 磅铁剂，专为治疗患疟疾的病人和贫血病人用……千万不要再到保定平津一带去购买药品，因为那边的价钱比沪港贵两倍。"

"让我把千百倍的热忱送给你和其余千百万亲爱的同志！"

写完最后一句话，白求恩开始整理遗物：两把精致的日本军官的指挥刀，刀鞘上镂着花纹，刀柄闪着寒光，这是齐会战斗中贺龙同志和前不久杨成武司令员送给他的战利品；一把中国大砍刀，缀着鲜艳的红缨，这是八路军和游击队常用的武器，见到它，就会想起那句歌词，"大刀向鬼子们的头上砍去"。白求恩原想把这些物品连同一部关于八路军的影片带给北美民众，可现在，这个愿望已无法实现了。

黄昏时分，白求恩把写好的遗嘱交给潘凡，又解下手上的夜光表，作为最后的礼物送给了他。

"请转告毛主席，感谢他和中国共产党给我的帮助。遗憾的是我不能亲眼看到中国人民的解放和新中国的诞生！"

"请转告聂司令员，建议他马上组织一支医疗队，接近火线，收容伤员……战斗结束后，继续完成四分区的巡视工作……"

1939年11月12日凌晨，白求恩的呼吸明显微弱，最终停止了。林金亮摸了摸他的脉搏，不禁痛哭失声，潘凡抬起手腕，那是白求恩大夫送给他的手表，时间定格在5点20分。

窗外北风怒吼，巍巍太行发出悲恸的震颤，漫天大雪裹挟着山林中飘零的落叶，仿佛要把白求恩的故事传颂到很远的地方去。

尾声

　　噩耗传来，房东家的院子里挤满了村民。医疗队的同志们肃立在小屋前，人群中传出悲痛的哭声……一支准备设伏的八路军队伍路过黄石口村，被村口黑压压的人群惊呆了。

　　"出了什么事？"一位战士跑过来问。

　　"白求恩大夫去世了。"一位老者站起来哽咽道。

　　队伍停止了前进。两位八路军指挥员跟着老乡跑进小院，透过窗户，他们看见微弱的烛光下，白求恩安详地躺在炕上，瘦削的脸庞长满胡须，裹着纱布的左臂放在胸前，身上盖着厚厚的棉被。两人的眼泪不禁夺眶而出，他们对准备装殓的医疗队队员低声说："白求恩大夫救过我们很多战士，我们永远不会忘记他。但是你们必须尽快把白求恩大夫转移出去，目前日军正在向黄石口村进发。"

医疗队决定把白求恩的遗体转移到附近的于家寨。狭窄的山路被白雪覆盖，路面大都结起了冰。医疗队在风雪中艰难跋涉，终于在 11 月 15 日到达于家寨，他们为白求恩清洗身体，穿好军装，安置在一个隐蔽的山洞里。

11 月 17 日，晋察冀抗日根据地 2000 多军民利用反"扫荡"战斗的间歇，为白求恩举行了隆重的殡殓典礼。站在队伍最前面的是聂荣臻司令员，这位经历过无数生死磨难、从不轻易落泪、被称为"钢铁将军"的人物，在凝望着白求恩憔悴消瘦的遗容时，禁不住泪如雨下。

1939 年 12 月 1 日下午，延安各界代表聚集在中央大礼堂，沉痛悼念白求恩同志的逝世。沉静而肃穆的会场里悬挂着白求恩的画像，千百双模糊的泪眼注视着这位有着火一样热情的国际主义战士。

1939 年 12 月 21 日，毛泽东发表了《纪念白求恩》一文，对白求恩作了高度评价："一个外国人，毫无利己的动机，把中国人民的解放事业当作他自己的事业，这是什么精神？这是国际主义的精神，这是共产主义的精神，每一个中国共产党员都要学习这种精神。"

"白求恩同志毫不利己专门利人的精神，表现在他对工作的极端的负责任，对同志对人民的极端的热忱。每个共产党员都要学习他。"

"我们大家要学习他毫无自私自利之心的精神。从这点出发，就可以变为大有利于人民的人。一个人能力有大小，但只要有这点精神，就是一个高尚的人，一个纯粹的人，一个有道德的人，一个脱离了低级趣味的人，一个有益于人民的人。"

1940 年 1 月 5 日，晋察冀抗日根据地军民 1 万余人在唐县为白求恩举行了隆重的追悼大会。聂荣臻司令员率全体将士深切哀悼白求恩大夫，并于灵前宣读祭文。在追悼大会上，聂荣臻司令员郑重宣布：晋察冀军区卫生学校易名为白求恩学校，其附属医院易名为白求恩医院。此后，白求恩学校的师生转战太行山，驰骋滹沱河，他们秉承白求恩大夫的遗志，坚持"边教学、边战斗、边救治",先后参加 100 余次战役战斗,冒着枪林弹雨救治伤病员,甚至直接冲到前线用生命保护受伤的战士,为夺取抗战胜利作出了巨大贡献。

为了永久纪念白求恩,晋察冀军区决定为白求恩修建一座陵墓。1940 年 2 月,聂荣臻司令员亲自选定墓址,当地村民每天夜里穿梭于日军封锁线,到曲阳县的采石场运回大理石,他们克服重重艰险,要为白求恩大夫建造一座最为坚固的陵墓。

1940 年 6 月 21 日,位于唐县军城镇南关村的白求恩陵墓落成。墓前是一座白求恩立像,墓座上有一个象征国际主义的地球模型。墓碑东侧有中共中央的题词:"白求恩的国际主义精神值得中国共产党全体党员学习,值得中华民国全体国民尊敬。"南侧有聂荣臻的题词:"大众的科学家和政治家。"

在河北石家庄,又一座为白求恩修建的陵墓在他逝世 13 年后竣工。1952 年春天,白求恩的灵柩从唐县迁至位于石家庄市的华北军区烈士陵园。陵园西南侧一个圆形灵台上坐落着白求恩墓，这是陵园中最大的一座。墓前用中英文刻着他的名字和生卒年月，墓前汉白玉基座上矗立着白求恩的雕像。

2009年，为庆祝中华人民共和国成立60周年，中宣部等11个部门联合组织开展评选"100位为新中国成立作出突出贡献的英雄模范人物和100位新中国成立以来感动中国人物"活动，白求恩入选"100位为新中国成立作出突出贡献的英雄模范人物"之一。

白求恩同志参加中国反抗日本帝国主义侵略战争的事迹将永载史册，白求恩同志伟大的国际主义精神将永远被传颂，白求恩同志永垂不朽！

后　记

　　笔者工作近20年的医学院校的前身正是白求恩同志亲自创办的晋察冀军区卫生学校，单位隔壁的白求恩国际和平医院同样也是由白求恩同志当年参与创建的。笔者每天去办公楼的路上，必定会经过屹立于校园中心的白求恩铜塑，站在讲台上授课时，抬眼便能看见白求恩头像，这些日常细节无时无刻不在传递着白求恩的伟大精神与深邃情感。正因如此，能接受《白求恩》一书的写作任务，笔者倍感荣幸与欣喜，多年以来与白求恩同志仿若同事般的近距离接触，从一定程度上保障了本书写作的顺利，即便是在描述少年白求恩及其赴华之前的种种经历时，几乎也没有远隔重洋的陌生感，反而带着近在咫尺的亲切与熟悉。

白求恩同志已逝去多年，关于他的故事，在流传过程中，难免存在情节出入，甚至是相互矛盾的问题，秉持尊重历史、尊重人物原型的原则，笔者查阅了大量文献资料，即便如此，也难免存有谬误。

在编写过程中，得到军事科学院军队政治工作研究院领导和机关的大力支持。特别感谢国防科技大学理学院王璟教授、军事科学院防化研究院张浩研究员百忙之中热情相助，为文中术语的准确性把关，并对本书内容的丰富性作出了贡献。更要感谢书写英雄故事的前辈们，你们的辛苦付出为本书的编写提供了重要帮助。成稿之后，康月田、李博、岳思平、徐占权等多位专家学者进行了审读。

参考的书目和资料有：《抗日战争》（王树增 / 人民文学出版社）、《晋察冀边区革命史编年》（谢忠厚 / 河北人民出版社）、《不死鸟——诺尔曼·白求恩的一生》（罗德里克·斯图尔特、莎朗·斯图尔特 / 中国青年出版社）、《白求恩援华抗战的 674 个日夜》（马国庆 / 人民文学出版社）、

《手术刀就是武器》（泰德·阿兰、塞德奈·戈登／上海文艺出版社）、抗战中国丛书《纪念白求恩》（王雁、察哈尔／解放军出版社）、英雄模范共产党员故事汇《白求恩》（刘锋／青海人民出版社）、《白求恩在西班牙》（罗德里克·斯图尔特、赫苏斯·麦哈德／人民出版社）、中国梦·红色经典电影阅读《白求恩大夫》（张照富／中华工商联合出版社）、少年红色经典《白求恩》（冬立／二十一世纪出版社）等。

在此，谨向关心和帮助本书写作的各位领导、专家学者，以及上述著作的作者、编辑致以最诚挚的谢意！

图书在版编目（CIP）数据

白求恩 / 军事科学院解放军党史军史研究中心编.
北京：学习出版社，2025. 6. --（中华先烈人物故事汇）
. -- ISBN 978-7-5147-1350-3

Ⅰ. K837.116.2

中国国家版本馆 CIP 数据核字第 202592KS62 号

白求恩
BAI QIUEN

军事科学院解放军党史军史研究中心

责任编辑：苏嘉靖		封面绘画：刘书移	
技术编辑：胡　啸		内文插图：韩新维	
美术编辑：杨　洪		装帧设计：楠竹文化	

出版发行：学习出版社
　　　　　北京市东城区崇外大街11号新成文化大厦B座11层
　　　　　（100062）
　　　　　010-66063020　010-66061634　010-66061646
网　　址：http://www.xuexiph.cn
经　　销：新华书店
印　　刷：河北鹏润印刷有限公司

开　　本：787毫米×1092毫米　1/32
印　　张：6.5
字　　数：85千字
版次印次：2025年6月第1版　2025年6月第1次印刷

书　　号：ISBN 978-7-5147-1350-3
定　　价：27.00元

如有印装错误请与本社联系调换，电话：010-66064915